Alles für den Kunden

Jan Carlzon

Alles für den Kunden

Jan Carlzon revolutioniert ein Unternehmen

Vorwort von Tom Peters

Campus Verlag
Frankfurt/New York

Die schwedische Ausgabe »Riv Pyramiderna!« erschien 1985 bei Albert Bonniers Förlag AB, Stockholm.
Copyright © Jan Carlzon och Tomas Lagerström 1985.
All rights reserved. No part of this book may be reproduced or transmitted in any form or by any means, electronic or mechanical, including photocopying, recording or by any information storage and retrieval system, without permission in writing from the Publisher.

Deutsche Übersetzung nach dem schwedischen Original und der amerikanischen Ausgabe »Moments of Truth« (Cambridge, Massachusetts 1987) von Katharine Cofer

CIP-Titelaufnahme der Deutschen Bibliothek

Carlzon, Jan:
Alles für den Kunden : Jan Carlzon revolutioniert e.
Unternehmen / Jan Carlzon. Vorw. von Tom Peter. [Dt. Übers.
nach d. schwed. Orig. u.d. amerikan. Ausg. »Moments of truth«
von Katharine Cofer]. – 4., überarbeitete Aufl. – Frankfurt/Main ;
New York : Campus Verlag, 1990
  Einheitssacht.: Riv pyramiderna ‹dt.›
  ISBN 3-593-33975-7

4., überarbeitete Auflage 1990

Das Werk einschließlich aller seiner Teile ist urheberrechtlich geschützt. Jede Verwertung ist ohne Zustimmung des Verlags unzulässig. Das gilt insbesondere für Vervielfältigungen, Übersetzungen, Mikroverfilmungen und die Einspeicherung und Verarbeitung in elektronischen Systemen.
Copyright © 1988 Campus Verlag GmbH, Frankfurt/Main
Umschlaggestaltung: Atelier Warminski, Büdingen
Satz: L. Huhn, Maintal
Druck und Bindung: Druckhaus Beltz, Hemsbach
Printed in Germany

Inhaltsverzeichnis

Vorwort von Tom Peters 7

Kapitel 1	Ein Augenblick der Wahrheit	17
Kapitel 2	Die Kurswechsel von Vingresor und Linjeflyg	24
Kapitel 3	Der Kurswechsel der SAS	39
Kapitel 4	Beruf: Führungspersönlichkeit	50
Kapitel 5	Die Strategie festlegen	60
Kapitel 6	Die Pyramide abflachen	80
Kapitel 7	Risiken eingehen	99
Kapitel 8	Kommunizieren	112
Kapitel 9	Aufsichtsräte und Gewerkschaften	122
Kapitel 10	Erfolgskontrolle	132
Kapitel 11	Mitarbeiter belohnen	138
Kapitel 12	Die zweite Welle	147

Vorwort

Stellen Sie sich vor, in der Kabine eines Flugzeuges auf dem Weg von New York nach Los Angeles hat sich ein Vertafelungspaneel ein wenig von der Wand gelöst und mit seiner scharfen, hervortretenden Kante die Strümpfe eines Fluggasts aufgerissen. Die Dame informiert eine Flugbegleiterin von dem Vorfall. Die Stewardeß kann das Paneel aber selbst nicht reparieren, weil sie nicht über das geeignete Werkzeug verfügt. Das einzige, was sie tun kann, ist einen Bericht zu machen, der irgendwann in irgendeinem Büro landen wird. Dieses Büro wird zwar über ein Telefon und eine Gegensprechanlage verfügen, aber auch kein Werkzeug haben. Mittlerweile hat unsere Flugbegleiterin das Problem innerhalb des Unternehmens nach oben weitergegeben. Für ihre Begriffe hat sie ihre Pflicht erfüllt. Am selben Nachmittag wird der Reparaturantrag in die zuständige Abteilung weitergeleitet. Eine halbe Stunde später landet er auf dem Schreibtisch eines Mitarbeiters der technischen Werkstätten. Der Techniker ist sich nicht ganz sicher, ob er das Problem beheben kann, doch er braucht sich keine Sorgen zu machen. Inzwischen fliegt die Maschine in über 10 000 Meter Höhe über dem US-Bundesstaat Iowa. Der Techniker kritzelt eine Anweisung auf das inzwischen halbzerknüllte Formular:

»Reparieren sobald wie möglich.« Und die Reparatur wird erfolgen – nachdem 10 weitere Strümpfe aufgerissen worden sind.

Welche Lösung bietet Jan Carlzon? Man muß die horizontalen Barrieren der Kommunikation abbauen. Die Manager auf mittlerer Ebene, die »deswegen eingestellt werden, damit sie dafür sorgen, daß Anweisungen befolgt werden«, müssen von der Rolle als Verwalter befreit werden. Sie sollten zu Führungskräften und Helfern der Mitarbeiter an der Kundenfront werden, die dem Kunden und dem Markt direkt dienen.

Schließlich prägt die erste, 15 Sekunden dauernde Begegnung zwischen einem Fluggast und den Mitarbeitern an der Kundenfront, vom Schalterangestellten bis hin zur Flugbegleiterin, in der Vorstellung des Kunden das Bild des gesamten Unternehmens. Das ist es, was Carlzon als »Augenblick der Wahrheit« bezeichnet.

Wer ist Carlzon? Im Spätsommer 1986 beschrieb die amerikanische Zeitschrift *Business Week*, wie Schweden zum »Kraftwerk Europas« wurde: »Vor zehn Jahren galt das Land als der ›Krankeste unter den Kranken‹. Jetzt erblaßt ganz Europa vor Neid.« Und niemand anderes als SAS-Chef Jan Carlzon vertritt besser, was *Business Week* als den »aggressiven, schlagkräftigen Führungsstil, der vielen schwedischen Unternehmen zum Erfolg verholfen hat«, bezeichnete.

Im Alter von 36 Jahren übernahm er 1978 die Führung von Linjeflyg, der inländischen Fluggesellschaft Schwedens, und wurde so zum jüngsten Vorstandsvorsitzenden einer Fluggesellschaft. Ähnlich wie die amerikanische Fluggesellschaft People Express kürzte er radikal die Flugpreise, füllte so die Maschinen und erzielte in Rekordzeit einen unvergleichlichen Erfolg. Der Lohn war 1981 der Vorstandsvorsitz der SAS. Nach siebzehn aufeinanderfolgenden Gewinnjahren hatte die

Fluggesellschaft 1979 und 1980 Verluste im Wert von 30 Millionen Dollar eingeflogen.

Die Mitarbeiter sahen seinem Einstieg mit Skepsis entgegen. Sie erwarteten weitere Kosten- und Tarifsenkungen. Statt dessen schuf Carlzon als Teil seiner zielsicheren Konzentration auf den Geschäftsreisenden die »EuroClass«, die erstklassigen Service zu Economy-Tarifen anbot, um die »beste Fluggesellschaft für den oft fliegenden Geschäftsreisenden« in Europa zu werden.

Innerhalb kürzester Zeit wurde SAS die pünktlichste Fluggesellschaft Europas und war binnen nur eines Jahres wieder aus den roten Zahlen, während der Rest der internationalen Fluggesellschaften insgesamt Rekordverluste im Wert von 2 Milliarden Dollar verbuchen mußte. 1984 wurde SAS von der amerikanischen Fachzeitschrift *Air Transport World* zur »Airline des Jahres« gewählt.

Die Geschichte, die Carlzon (unter Mitarbeit von Tomas Lagerström) im vorliegenden Buch erzählt, ist zweifellos in erster Linie der Bericht eines einzigartigen Kurswechsels innerhalb der unberechenbaren Flugverkehrsbranche, doch seine allgemeine Anwendbarkeit geht weit über seine Grenzen hinaus. Carlzon argumentiert – richtig, wie ich meine –, daß wir uns an einem »historischen Wendepunkt« befinden. Unsere traditionellen (westlichen) Wettbewerbsvorteile sind schwer angeschlagen.

Carlzon zufolge bewegen wir uns auf eine Ära der Kunden- und Marktorientierung zu. In fast allen Wirtschaftszweigen, vom Flugvergkehr über Autos und Halbleiter bis hin zu Finanzdienstleistungen, machen heutzutage besser informierte Verbraucher und neue Konkurrenten traditionell geführten Unternehmen das Leben schwer. Um mit dieser marktgesteuerten Umbruchsituation fertig zu werden, müssen wir unsere Organisationen von Grund auf erneuern. »Nur das kundenorientierte

Unternehmen«, sagt Carlzon, »ist für die Veränderung gewappnet.« Mit einer distanzierten, bürokratischen Führung von oben können Unternehmen heute einfach nicht mehr überleben.

Dieses Buch quillt über von lehrreichen Geschichten und praktischen Ratschlägen, die Carlzons Tätigkeit bei Vingresor (Pauschalreisenveranstalter und Tochtergesellschaft der SAS, bei der Carlzon im Alter von 32 Jahren seinen ersten Vorstandsvorsitz antrat), Linjeflyg und insbesondere bei der SAS schildern. Bei Vingresor begann er als Befehlsgeber, nicht als jemand, der zuhörte – sei es seinen Mitarbeitern, sei es den Kunden –, und so machte er jeden nur erdenklichen Fehler. Als er vier Jahre später seine Tätigkeit bei Linjeflyg aufnahm, hatte er vieles gelernt; seine zweite Amtszeit als Unternehmenschef begann er sogar damit, daß er die ganze Unternehmensbelegschaft in einer Flugzeughalle versammelte und um Hilfe bat – von dem Befehlsgehabe, das er nur 48 Monate vorher an den Tag gelegt hatte, war nichts übriggeblieben.

Seine Arbeit bei der SAS nahm Carlzon in einer Krisenzeit auf. Er ging davon aus, daß der Dienst am Kunden sowie die Mitarbeiter an der Kundenfront, die ihn erbrachten, die Hebel des Erfolgs seien. Er lenkte das Hauptaugenmerk weg vom Flugzeug als materieller Ressource hin zum Kunden. Er schockierte die Technokraten mit seinem Entschluß, die großen Airbusse und die 747, die »Flaggschiffe« der SAS, einzumotten und an ihrer Stelle die älteren, kleineren DC-9 Maschinen beizubehalten, da sie die nötige Flexibilität boten, um den über alles geschätzten Geschäftsreisenden am besten zu bedienen.

Obwohl das Unternehmen noch immer rote Zahlen schrieb, starteten Carlzon und sein mit neuen Energien belebtes Team mit einem Aufwand von rund 50 Millionen Dollar kühn 147 Projekte zur Verbesserung des Service. Er reduzierte aufs äußerste alle Kosten, die der übergeordneten Unternehmenszielsetzung nicht dienlich waren. Zum Beispiel wurde eine 40 Mitarbeiter umfassende, zentrale Marktforschungseinheit aufgelöst – Marktforschung sollte lokal, d.h. näher am Endverbraucher betrieben werden.

Carlzon vertraute den Mitarbeitern an der Kundenfront die Aufgabe an, »den Service, den sie schon immer hatten erbringen wollen, auch wirklich zu erbringen«. Er führte flottere Uniformen ein, verlieh den Mitarbeitern »im Feld« Entscheidungsbefugnisse und ermunterte sie, sich durchzusetzen. Ein Beispiel: Um Geschäftsreisenden besseren Service zu geben, wollte SAS die getrennte Abfertigung für Euro-Class-Passagiere einführen. Niemand unter den Experten gab der Sache irgendeine Chance: Die Behörden würden die separate Abfertigung aufgrund der ausgeprägten Ansprüche Schwedens auf Gleichheit niemals zulassen. Den Rat seiner eigenen Experten ignorierend, wagte SAS einen Versuch, und der Antrag wurde genehmigt.

Die Befähigung der Mitarbeiter an der Kundenfront, sich alleine durchzuarbeiten, ist eine Komponente, Führungsqualitäten sind eine weitere. Carlzons Formel für gute Unternehmensführung (von ihm in der Praxis erprobt) ist, vorsichtig ausgedrückt, unkonventionell. Die Entwicklung der herkömmlichen Unternehmensführung kritisiert er dabei heftig. Er schätzt Intuition, Gefühl und »Showmanship«. Analytische Denker sind – wie er feststellt – »oft eine Katastrophe, was die Entscheidungsfindung und -durchführung anbelangt.« Der an Analysen gebundene professionelle Manager ersinne stets neue Alternativen, um bloß keine Entscheidungen treffen zu müssen. Bei der SAS Carlzons muß sich die Analyse »stets auf die Gesamtstrategie und nicht auf deren Einzelteile beziehen.«

Die Werkzeuge der neuen Führungskraft sind eine klare, bündige Unternehmensvision und ausgeprägte Kommunikationsfähigkeit – mit »Seele«. Darunter ist nichts Weiches, Nachgiebiges zu verstehen. Carlzon bezeichnet den neuen Managertyp (und sich selbst) als »aufgeklärten Diktator«.

Die Treue gegenüber der Unternehmensvision, und nicht den Details der Durchführung, ist unerläßlich – etwas, um das man nicht herumkommt. Leute brillieren nur, wenn die Anforderungen hoch gesteckt werden. Ein wichtiger Bestandteil ist eine strenge, ehrliche Erfolgskontrolle. Anspruchsvolle, sichtbare Ziele, die auf den Dienst am Kunden ausgerichtet und so bemessen sind, daß sie den Wettbewerb einzelner Abteilungen untereinander fördern, treiben den Prozeß voran.

So einleuchtend dies alles sein mag, das Beste steht noch aus. Von 1981 bis 1984 übersprang SAS, ihrem eigenen Zeitplan weit voraus, eine Hürde nach der anderen. Dann begann die Energie nachzulassen. Nach einem ganzen Jahr des »In-Sich-Gehens«, während dessen viel Antriebskraft verlorenging, lancierte Carlzon die »zweite Welle« – ein ehrgeiziges Programm, das auf eine grundlegende Verbesserung der Effizienz abzielt als aktive Vorbereitung auf eine möglicherweise bevorstehende Neuordnung des europäischen Flugverkehrs.

Das Ziel ist es wert, und der Prozeß, über den man dieses Ziel erreicht, ermittelt tiefe Einsichten darüber, weshalb die meisten Bemühungen von amerikanischer Seite um einen Kurswechsel fehlgeschlagen sind. Carlzon bestätigt, mit dem System einen »Direktanschluß« hergestellt zu haben, um die Mitarbeiter an der Kundenfront mit neuen Kräften zu beleben. Sie seien die Helden der SAS. Nichts sollte sie daran hindern, erstklassigen Service zu erbringen. Falls eine Führungskraft auf mittlerer Ebene Schwierigkeiten macht, werden die an der Kundenfront beschäftigten Mitarbeiter energisch ermuntert, solche Hindernisse zu umgehen und sich direkt an die Unternehmensspitze zu wenden.

Der Prozeß funktionierte, doch bildet er laut Carlzon keine Grundlage für nachhaltige Vitalität. Auch die Führung auf mittlerer Ebene muß neu belebt und zum Markt hin orientiert werden. Carlzon gibt zu, daß das anfängliche Kurzschließen der mittleren Führungsebene keine »gangbaren Alternativen zu ihrer alten Rolle als Ausleger der Unternehmensvorschriften geboten habe.« »Wir hatten unsere mittleren Führungskräfte im Stich gelassen«, sagte er heute.

Die Antwort in Form einer »zweiten Welle« zur Erreichung bisher nie dagewesener Effizienz sucht – wieder einmal – nicht die Vermehrung materieller Werte, sondern die Menschen. Die »Rollenverteilung ist radikal verschieden«, aber es gilt, die »Pyramide« ein für allemal abzubauen.

Wird Carlzon ein zweites Wunder vollbringen? Das kann man noch nicht sagen. Ich habe aber das Gefühl, daß er mit seinem Rezept richtig liegt. Von der Bank bis hin zum Blechschmied ist die typische Reaktion der US-Unternehmen auf die wirtschaftliche Revolution, die über uns hereinbricht, zuerst an die Hardware zu denken und erst an zweiter Stelle an die Menschen und die Organisation. Die klügsten Köpfe, auf die jedoch kaum jemand hörte, warnten davor, daß dies ein gefährlicher Weg sei. Die Automation wird nicht eine schlecht eingerichtete Fabrik mit demotivierten Arbeitern retten. Ein größerer Computer wird keine Bank in der unberechenbaren Welt der Finanzdienstleistungen retten, in der täglich neue Produkte eingeführt werden.

Nach Carlzon müssen unsere Organisationen buchstäblich auf den Kopf gestellt werden. Wir müssen lernen, Veränderungen zu begrüßen, anstatt sie zu bekämpfen; die Risikofreudigkeit zu fördern, anstatt sie zu ersticken; die Mitarbeiter an der Kundenfront zu ermächtigen, anstatt sie zu demotivieren; und unsere Aufmerksamkeit nach außen, auf den sich rasch wandelnden Markt statt nach innen, auf byzantinische bürokratische Manöver zu richten. Dieser Liste fügt Carlzon seine brillante Analyse des Managers auf mittlerer Ebene hinzu, der im Übergangsprogramm so oft vernachlässigt wird – und letztendlich so oft den Widerstand bildet, der auch die bestgemeinten Programme verlangsamt. Carlzon unterstreicht auch die zielstrebige Rolle der neuen weitsichtigen Führungspersönlichkeit: Ziele und Vertrauen, ja; doch verbunden mit Treue, hohen Anforderungen und kundenorientiertem Verhalten.

Man möchte hoffen, daß Carlzons Kollegen – und alle Manager – in der Luftfahrtbranche dieses Buch lesen. Service, der – trotz attraktiver Preise – nicht wettbewerbsfähig war, brachte den kurzzeitigen Hochflieger PeopleExpress letztendlich zum Sturz. Verdauungsprobleme infolge von Fusionen und panische Reaktionen auf Veränderungen haben zu einem generell unerträglichen Niveau des Service für den amerikanischen Geschäftsreisenden geführt – und außerdem zu großen Verlusten für viele unsicher gewordene Fluggesellschaften. Nur American Airlines – die als einzige unter den großen amerikanischen Fluggesellschaften umfangreiche Flugzeugkäufe gemieden hat – ist gesund. Hinsichtlich ihres Service nimmt sie in den meisten Tabellen noch immer den ersten Platz ein, und ihre strategische Verwendung von Informationen setzt neue Maßstäbe für sämtliche Dienstleistungszweige. Delta Airlines bildet eine zweite Ausnahme, aber ansonsten ist der häufig fliegende Kunde sehr vernachlässigt worden in der bei vielen Fluggesellschaften verbreiteten gierigen Eile zu expandieren, bei der ein Mindestmaß an Service einfach nicht gehalten werden kann. Man vermutet, daß viele der großen Verluste und viel Mißerfolg zu vermeiden gewesen wären, hätten Carlzons amerikanische Kollegen seine Methoden angewandt.

Alles für den Kunden ist ein Buch für Manager von Fluggesellschaften, für Bankiers, für Textilhersteller und Maschinenlieferanten. Es ist ein hervorragender Beitrag zur vordringlichen Aufgabe, unsere Unternehmen von Grund auf neu zu gestalten. Es bietet Beispiele, Empfehlungen und vor allem eine neue Philosophie – von jemandem, der an der vordersten Linie gewesen ist und in Rekordzeit brillante Erfolge erzielt hat.

Tom Peters
Autor von *Auf der Suche nach Spitzenleistungen*

Kapitel 1
Ein Augenblick der Wahrheit

> Jeder braucht die Gewißheit, daß er gebraucht wird.
>
> Jeder will als Individuum behandelt werden.
>
> Gibt man jemandem die Freiheit, Verantwortung zu übernehmen, so werden dadurch Ressourcen freigesetzt, die sonst im Verborgenen geblieben wären.
>
> ine Informationen erhält, kann keine Verantwortung übernehmen; wer aber Informationen erhält, kann nicht umhin, Verantwortung zu übernehmen.
>
> *Jan Carlzon*

Rudy Peterson, ein amerikanischer Geschäftsmann, wohnte im Stockholmer Grand Hotel. Eines Tages fuhr er zum Arlanda-Flughafen nördlich von Stockholm, um mit einem Kollegen zusammen in einer Maschine der Scandinavian Airlines nach Kopenhagen zu fliegen. Die Reise sollte nur einen Tag dauern, gleichwohl es ein für beide Geschäftsleute wichtiger Termin war.

Als er am Flughafen ankam, stellte Rudy Peterson fest, daß er sein Ticket im Hotel gelassen hatte: Er hatte es auf die Kommode gelegt, als er seinen Mantel anzog, und dann vergessen, es einzustecken.

Nun weiß jeder, daß man ohne ein Ticket kein Flugzeug besteigen kann, und so hatte Rudy Peterson sich bereits damit abgefunden, daß er den Flug und seinen Termin in Kopenhagen verpassen würde. Als er aber seine Lage der SAS-Angestellten am Ticketschalter schilderte, gab es für ihn eine angenehme Überraschung.

»Machen Sie sich keine Sorgen, Mr. Peterson«, sagte sie freundlich lächelnd. »Da ist ihre Bordkarte. Ich gebe Ihnen ein provisorisches Ticket mit. Wenn Sie mir sagen, welche Zimmernummer Sie im Grand Hotel hatten und wo Sie in Kopenhagen zu erreichen sind, erledige ich alles weitere.«

Während Rudy und sein Kollege auf ihren Flug warteten, rief die Schalterangestellte im Hotel an. Ein Page sah im Zimmer nach und fand das Ticket genau dort, wo Rudy Peterson es hingelegt hatte. Die Angestellte ließ das Ticket per SAS-Kurier im Hotel abholen und sofort zum Flughafen bringen. Das Ganze ging sogar so schnell, daß das Ticket ankam, noch bevor die Maschine nach Kopenhagen startete. Niemand staunte mehr als Rudy Peterson, als der Flugbegleiter auf ihn zukam und ihn freundlich ansprach: »Mr. Peterson? Da haben Sie Ihr Ticket.«

Was wäre bei einer traditionelleren Fluggesellschaft passiert? Die Handbücher der meisten Fluggesellschaften sind sich einig: Kein Ticket, kein Flug. Bestenfalls hätte die Schalterangestellte das Problem ihrem Vorgesetzten unterbreitet; doch hätte Rudy Peterson in diesem Fall mit fast hundertprozentiger Sicherheit seinen Flug verpaßt. Aufgrund der Art und Weise, wie SAS seinen Fall behandelt hatte, war er aber statt dessen nicht nur zutiefst beeindruckt, sondern er kam auch rechtzeitig zu seiner Geschäftssitzung nach Kopenhagen.

Ich bin sehr stolz auf die Rudy Peterson-Geschichte, weil sie das widerspiegelt, was wir in den sechs Jahren, seit ich die Führung des Unternehmens übernommen habe, bei der SAS erreicht haben. Wir haben uns zu einem Unternehmen umorientiert, das sich nach dem Kunden richtet – einem Unternehmen, das sich darüber im klaren ist, daß sein Vermögen einzig und allein darin besteht, daß es zufriedene Kunden hat, von denen alle als Individuen behandelt werden wollen und die uns nicht als ihre Fluggesellschaft wählen, wenn wir nicht genau dies leisten.

Früher begriffen wir unser Unternehmen als die Gesamtheit unserer Flugzeuge, Werkstätten, Büros und verwaltungstechnischer Abläufe. Doch wenn Sie unsere Kunden über SAS befragen, dann erzählen sie Ihnen nichts von unseren Flugzeugen und Büros bzw. darüber, wie wir unsere Investitionen tätigen. Statt dessen berichten sie von ihren Erfahrungen mit den Menschen bei der SAS. Denn die SAS bedeutet nicht nur eine Ansammlung von materiellen Vermögenswerten, sondern auch, und viel eher, die Qualität des Kontaktes zwischen dem einzelnen Kunden und den SAS-Mitarbeitern, die den Kunden direkt bedienen (wir bezeichnen sie als unsere Mitarbeiter an der »Kundenfront«.)

Im letzten Jahr kam jederer unserer 12 Millionen Kunden mit ungefähr fünf SAS-Mitarbeitern in Kontakt, wobei jede Begegnung durchschnittlich 15 Sekunden dauerte. So wird die SAS in der Vorstellung unserer Kunden 60 Millionen Male pro Jahr sozusagen neu geschaffen, in 15 Sekundeneinheiten. Letztendlich sind es diese 60 Millionen »Augenblicke der Wahrheit«, die darüber entscheiden, ob die SAS als Unternehmen erfolgreich ist oder scheitert. In diesen Augenblicken gilt es, unseren Kunden zu beweisen, daß die SAS für sie die beste Wahl ist.

Wenn wir als Unternehmen wirklich fest entschlossen sind, uns nach den Bedürfnissen jedes einzelnen Kunden zu orientieren, dann können wir uns nicht nach irgendwelchen Handbüchern oder Anweisungen richten, die in weit entlegenen Chefetagen ausgeklügelt werden. Die Verantwortung für Ideen, Entscheidungen und Handlungen müssen wir denen in die Hände geben, die während jener 15 Sekunden die SAS tatsächlich *sind:* den Angestellten an den Ticket- und Gepäckabfertigungsschaltern sowie allen anderen Mitarbeitern an der »Kundenfront«.

Müssen diese sich wegen jeder Entscheidung in der unternehmensinternen Hierarchie nach oben wenden, dann verstreichen jene kostbaren 15 Sekunden ohne Wirkung, und wir verpassen die Gelegenheit, einen treuen Kunden zu gewinnen.

Es scheint, eine solche Politik stelle das traditionelle Unternehmen auf den Kopf. Dem ist auch so – und ich glaube, es ist notwendig. Die traditionelle Unternehmensstruktur ist eine geschichtete Pyramide, bestehend aus einer Spitze, einigen Zwischenschichten und einer mit dem Markt verbundenen Basis. An der Spitze des Unternehmens sitzt der Präsident nebst mehreren hochqualifizierten Stellvertretern – gebildete, fähige Experten in den Bereichen Finanzen, Fertigung, Export und Verkauf. Die Aufgabe dieser Spitzenkräfte besteht darin, die Abläufe zu steuern, indem sie alle zur Unternehmensführung notwendigen Entscheidungen treffen.

Aufgrund der hohen Anzahl von zu treffenden Entscheidungen bleiben unnötig Kräfte im Entscheidungsprozeß eingebunden, was zur Folge hat, daß Anweisungen innerhalb des Unternehmens durch Vermittler weitergegeben werden müssen. So gibt es viele Angestellte auf mittlerer Ebene, die Entscheidungen der obersten Geschäftsleitung in Regeln, Richtlinien und Verordnungen umsetzen, welche die Ausführenden der untersten Unternehmensschicht zu befolgen haben. Obwohl sie als »Mittleres Management« bezeichnet werden, sind sie eigentlich keine Manager, wenn wir unter »Manager« jemanden verstehen, der innerhalb eines bestimmten Verantwortungsbereiches eigene Entscheidungen trifft. Im Grunde sind es nur Boten, die an höherer Stelle getroffene Entscheidungen weitergeben.

An der Basis der Pyramide ist das »Fußvolk«, das sowohl Arbeiter als auch Angestellte umfaßt. Das sind diejenigen, die täglich mit den Kunden umgehen und die sich mit den Abläufen »an der Kundenfront« am besten auskennen. Paradoxerweise sind sie jedoch im Normalfall nicht befugt, auf die vielen individuellen Probleme, die sich im Alltag ständig ergeben, eigenverantwortlich zu reagieren.

Doch das Umfeld, in das diese hierarchische Unternehmensstruktur gebettet ist, hat sich gewandelt. In der heutigen Weltwirtschaft genießen die westlichen Industrienationen nicht mehr den Schutz ihrer traditionellen Wettbewerbsvorteile, die es ihnen einst erlaubten, ihre Produkte ausschließlich auf dem einheimischen Markt herzustellen und anzubieten. Billige Rohstoffe, billige Arbeitskraft und neueste technologische Entwicklungen sind inzwischen auch in der Dritten Welt zu finden. Heute werden Kühe in Texas geschlachtet, die Häute in Argentinien gegerbt und anschließend nach Korea weitergeschickt, wo sie etwa zu Baseball-Handschuhen verarbeitet werden. Schließlich wird der Kreis geschlossen: Die fertigen Handschuhe werden wieder nach Texas zurückgeschickt und dort in Sportgeschäften verkauft.

Die westlichen Volkswirtschaften, die es immer schwerer haben, auf der Grundlage eines produktorientierten Vorteils im Wettbewerb zu bestehen, werden zu »Dienstleistungswirtschaften«. Wir befinden uns an einem historischen Wendepunkt, an der Schwelle des Zeitalters der Hinwendung zum Kunden. Das betrifft selbst Firmen, die sich bisher nie als Dienstleistungsunternehmen betrachtet haben.

Ein schwedischer Hersteller von Schweißapparaten hatte zum Beispiel lange mit seinen hochwertigen Produkten den europäischen Markt monopolisiert. Plötzlich stellte die Firma fest, daß sie fast die Hälfte ihres Marktes verloren hatte. Es gab einen europäischen Konkurrenten, der technisch weniger anspruchsvolle Geräte zum halben Preis anbot – und auf diese Weise sowohl den Bedürfnissen als auch der Finanzkraft seiner Kunden entgegenkam. Indem sie sich ein produktorientiertes

Programm auferlegt hatte, brachte sich die schwedische Firma selbst um ihre Stellung auf dem Markt. In der heutigen Welt ist der Ansatzpunkt der Kunde, nicht mehr das Produkt oder die Technologie: Unternehmen müssen sich umorganisieren, wenn sie überleben wollen.

In einem kundenorientierten Unternehmen verhält sich die Rollenverteilung anders. Die dezentralisierte Organisation überträgt denjenigen, die bisher die unterste, lediglich ausführende Schicht der Pyramide bildeten, mehr Verantwortung. Somit beginnt die traditionelle, hierarchische Unternehmensstruktur, sich in ein flacheres, horizontaler ausgelegtes Gebilde zu verwandeln. Das gilt besonders für Dienstleistungsunternehmen, die nicht am Produkt, sondern am Kunden ansetzen.

Die Entwicklung zum kundenorientierten Unternehmen erfordert eine radikale Umstellung seitens der Mitarbeiter an der Kundenfront. Doch muß der Impuls für eine solche Umstellung von der Chefetage ausgehen. Es liegt am obersten Unternehmensleiter, eine wirkliche Führungspersönlichkeit zu werden, eine Atmosphäre zu schaffen, die es den Unternehmensmitarbeitern ermöglicht, ihre Aufgaben selbstbewußt und mit Fingerspitzengefühl wahrzunehmen und auszuführen. Er muß mit seinen Mitarbeitern reden, ihnen die unternehmerische Vision vermitteln, und hören, was sie brauchen, um diese Vision zu verwirklichen. Um erfolgreich zu sein, darf er nicht mehr isolierter, autokratischer Entscheidungsträger sein, sondern muß ein Visionär, Stratege, Aufklärer, Lehrer und Inspirator werden.

Den Führungskräften auf mittlerer Ebene muß er die Problemanalyse, die Ressourcenverwaltung und vor allem die Unterstützung der Mitarbeiter an der Kundenfront anvertrauen. Es steckt ein enormes Potential in dem »neuen Schlag« von hochqualifizierten und gebildeten jungen Menschen, die sich gerne der Herausforderung verantwortlicher Unternehmensführung stellen. Diesen Nachwuchskräften müssen wir eine aktive Rolle in der modernen Betriebsführung zuteilen, eine wirkliche Verantwortung übertragen, Vertrauen und Respekt zeigen.

Den Mitarbeitern an der Kundenfront muß der Chef die Möglichkeit geben, auf Bedürfnisse und Probleme von Kunden individuell einzugehen. Wie die Schalterangestellte, die dafür sorgte, daß Rudy Petersons liegengelassenes Flugticket abgeholt wurde, müssen Mitarbeiter an der Kundenfront richtig geschult werden, damit sie auf spezielle Kundenbedürfnisse schnell und höflich reagieren.

Durch diese Umverteilung der Verantwortung kann ein Unternehmen das meiste aus seinen »Augenblicken der Wahrheit« holen. So vervielfacht sich die Zahl der zufriedenen Kunden, und das Unternehmen sichert seinen Wettbewerbsvorteil.

Viele von Ihnen mögen jetzt denken: »Wieso meint ein Manager aus einem kleinen nordeuropäischen Land, er könne Managern in anderen größeren Ländern in Sachen Unternehmensführung eine Lektion erteilen?« Die Antwort ist, daß die Veränderungen im Führungsstil, die ich hier beschreibe, uns in Skandinavien schneller aufgedrängt wurden als anderswo. Aufgrund des beschleunigten gesellschaftlichen und wirtschaftlichen Nivellierungsprozesses mußten skandinavische Wirtschaftsführer umdenken und sowohl sich selbst als auch ihre Unternehmen den neuen Entwicklungen anpassen. Ich glaube, daß die Art und Weise, in der wir in Skandinavien im allgemeinen und bei der SAS im besonderen reagiert haben, als Vorbild gelten kann, von dem Wirtschaftsführer in den Vereinigten Staaten und anderen Ländern profitieren können.

Kapitel 2
Die Kurswechsel von Vingresor und Linjeflyg

Vingresor

Mit 32 Jahren setzte ich mich im Juni 1974 an den Schreibtisch des Vorstandsvorsitzenden von Vingresor, einer SAS-Tochtergesellschaft, die Pauschalurlaubsreisen organisiert und anbietet. Nach nur sechs Jahren Berufserfahrung war ich zum Präsidenten ernannt worden. Ich trug die Verantwortung für 1000 Mitarbeiter, von denen viele etwa so alt waren wie ich. Meine Qualifikationen waren nicht besser als die irgendeines anderen, und es gab keinen offenkundigen Grund, gerade mich zum Präsidenten zu ernennen. Ich hatte Angst: Angst, daß ich nicht akzeptiert würde, Angst, daß ich scheitern würde.

Also begann ich, mich so zu benehmen, wie ich mir vorstellte, daß ein Chef sich eben benehmen muß. Ich rückte meine Krawatte zurecht und rief meine Mitarbeiter zusammen. Einer nach dem anderen marschierten sie in mein Büro, und ich erteilte Anweisungen:

»Verändern Sie diesen Flugplan!«

»Treffen Sie eine Vereinbarung mit jenem Hotel!«

Bei jeder Sitzung, egal zu welchem Thema, verkündete ich meine Edikte:

»Jetzt will ich dies!«
»Jetzt habe ich das gemacht!«
»Jetzt meine ich jenes!«

Was ich da tat, unterschied sich zweifellos in keiner Weise von dem, was die meisten von uns tun, wenn sie sich zum ersten Mal im Rampenlicht befinden. Ich verhielt mich anders als normal, weil ich die Rolle ausagierte, die ich meinte, aufgetragen bekommen zu haben. Ich nahm einfach an, daß alle bei Vingresor von mir erwarteten, ich könne alles besser als sie und müsse selbst alle Entscheidungen treffen.

So versuchte ich, diesen Erwartungen gerecht zu werden. Immer öfter hörte man meine Stimme. Für alle Probleme hatte ich die richtige Lösung – als ob ich nach meiner Ernennung zum Chef plötzlich auch die Weisheit mit Löffeln gefressen hätte! Ich traf zahllose Entscheidungen mit sehr geringem Wissen, geringer Erfahrung oder Information.

In der Firma wurde ich allmählich als »Ego Boy« bekannt. Der Spitzname stammte von einem damals berühmten Rennpferd, aber er paßte offensichtlich zu meinem Führungsstil. Ich wußte, daß irgendetwas nicht stimmte, aber ich wußte nicht, wie ich das Unternehmen anders führen sollte. Dann kam eines Tages einer meiner Mitarbeiter, Christer Sandahl, in mein Büro. Christer war einer derjenigen, die durch meinen Stil plötzlich entmündigt worden waren.

»Was machst du eigentlich?« fragte er mich. »Was glaubst du, weshalb du hier Chef geworden bist? Damit du jemanden spielst, der du nicht bist? Nein – du wurdest zum Präsidenten ernannt wegen der Person, die du *bist*!«

Durch seinen Mut und seine Aufrichtigkeit verhalf mir Christer zu der Entdeckung, daß meine neue Rolle keine Veränderung von mir erforderte. Die Firma verlangte nicht, daß ich alle Entscheidungen alleine treffen sollte, sondern daß ich die richtige Atmosphäre, die richtigen Bedingungen herstellte, damit andere ihre Arbeit besser erledigen könnten. Langsam verstand ich den Unterschied zwischen einem traditionellen Unternehmensleiter, der von oben eine Anweisung nach der anderen erteilt, und dem neuen Managertyp, der den Ton angeben und den großen Überblick behalten muß. Jenes Gespräch mit Christer gab mir das Selbstvertrauen, ich selbst zu sein und meine Aufgaben auf eine neue, kühne Art anzupacken.

Meine Arbeit bei Vingresor hatte ich in einer schwierigen Zeit aufgenommen. Die Ölkrise von 1973 – 74 hatte die Flugpreise so sehr in die Höhe geschraubt, daß Charterflüge jetzt weniger gefragt waren. Unsere Aufgabe bestand darin, dafür zu sorgen, daß Vingresor wieder Gewinn machte.

Wir hatten nicht viele Möglichkeiten zur Auswahl. Die wichtigsten Aufgaben eines Pauschalreiseunternehmens wie Vingresor bestehen darin, über Flüge und Hotels Verträge abzuschließen und eine Dienststelle am Urlaubsort einzurichten, die Ausflüge und Aktivitäten organisiert. Dann werden alle diese Einzelteile zu einem »Paket« zusammengeschnürt, das den Kunden angeboten wird. Der Gewinn des Reiseveranstalters ist größtenteils eine Frage der Kosten: Je mehr Geld während der verschiedenen Phasen der Zusammenstellung des Pauschalpakets investiert wird, desto kleiner ist die Gewinnmarge und um so größer die Gefahr, Geld zu verlieren. Je kleiner die Investition, desto geringer das Risiko.

Angesichts einer schrumpfenden Marktsituation hätten die meisten produktorientierten Manager beim Service Abstriche gemacht. Das hätte die Einnahmen aber nur noch mehr verringert und somit das Problem noch vergrößert. Statt dessen wollten wir an der Kostenseite sparen. Zu der Zeit hatten wir etwa 210 000 Kunden, von denen 40 000 Reisen zu Sonderpreisen gebucht hatten, die für uns unrentabel waren. Wir beschlossen, unsere Kosten so zu reduzieren, daß wir einen Gewinn verbuchen konnten, auch wenn unsere Kundenzahl auf 170 000 fiel.

Wir drosselten die Kosten aber nicht einfach, sondern strukturierten die ganze Organisation um und machten sie flexibler, damit sie eine höhere Kundenzahl verkraften konnte, falls der Markt sich wieder erholen würde. Der Markt erholte sich tatsächlich! Aufgrund unserer neuen Flexibilität hatten wir keine Schwierigkeit, die neue Nachfrage zu befriedigen und gingen aus der Krise mit einem Gewinn hervor. Im ersten Jahr meiner Amtszeit verzeichneten wir den größten Gewinn in der Geschichte des Unternehmens.

Linjeflyg

Im Jahre 1978, ich war knapp vier Jahre lang Chef bei Vingresor, wurde mir die Präsidentschaft von Linjeflyg, der schwedischen Inlandsfluggesellschaft und einer Tochtergesellschaft der SAS, angeboten. Ich hörte gut zu, als Nils Horjel, der damalige Aufsichtsratsvorsitzende von Linjeflyg, mir seinen Vorschlag unterbreitete, zog es jedoch nicht ernsthaft in Betracht, auf sein Angebot einzugehen. Einige Tage später lehnte ich ab.

Ich sagte ihm nicht, was mir durch den Kopf ging, aber in meinen Augen stellte Linjeflyg das Trübste vom Trüben dar. Sie bot Inlandsflüge für Geschäftsleute an, die morgens nach Stockholm und abends wieder nach Hause fliegen wollten. Aufgrund von politischen Rücksichten waren die Flugtarife nach allen Zielorten praktisch identisch. Unternehmerische Entscheidungen bezogen sich größtenteils darauf, welche Flugzeuge am effizientesten betrieben werden konnten. Mit ihrem Bestreben, die Sitze mit möglichst geringen Kosten für die Airline zu füllen, machte mir Linjeflyg den Eindruck eines typischen »Nadelstreifenunternehmens«, das keinerlei Aufregung versprach.

Nils Horjel akzeptierte meine Ablehnung erstaunlich ruhig. »Gut, gut, wir werden sehen«, sagte er. Er schien meine Entscheidung nicht unbedingt ernst zu nehmen. Erst später erfuhr ich, daß er als ehemaliger europäischer Handballstar gewieft und entschlossen genug war, die beste Verteidigung der Welt durchzubrechen. So zog er auch bald seine Trumpfkarte: Curt Nicolin, eine Leitfigur der schwedischen Industrie und Mitglied des Aufsichtsrates, rief mich nach kurzer Zeit an und teilte mir mit, daß er mit mir über Linjeflyg reden wolle. Ich sagte wieder nein – noch zweimal. Schließlich kam er zu mir ins Büro.

Im persönlichen Umgang mit mir verfolgte Curt eine andere Taktik. Nils Horjel hatte mir das Bild einer gesunden Firma ausgemalt und mir versichert, daß der Präsident eine ruhige Kugel schieben würde. Curt aber erkannte, daß das genau der Grund war, weshalb mich die Stelle nicht interessierte, und er entwarf ein ganz anderes Bild. »Es sieht ziemlich schlimm aus,« sagte er. Linjeflyg machte immer mehr Verluste und hätte dringend eine neue Strategie nötig, um die Situation zu verbessern. »Wir brauchen dich, und dich allein, um die Firma zu retten«, sagte Curt. Dann warf er einen unwiderstehlichen Köder aus: er sagte, die Stelle sei genau die Herausforderung, die ich brauchte, um mich als Manager wirklich zu entfalten.

Seine Taktik funktionierte. Ich übernahm die Führung der Linjeflyg und wurde so im Alter von 36 der weltjüngste Präsident einer Fluggesellschaft.

Mein erster offizieller Akt bei Linjeflyg schlug noch lange Wellen. Am ersten Arbeitstag lud ich alle Mitarbeiter, von denen viele eine Anfahrt von ihrem Arbeitsplatz von mehreren Stunden hatten, für 11 Uhr zur Flugzeughalle von Linjeflug ein.

Ich bestieg eine hohe Leiter und sprach mit ihnen aus einer Höhe von 5 Metern über dem Boden.

»Dieser Firma geht es nicht gut«, sagte ich geradeheraus. »Sie kommt immer stärker ins Minus und hat auch sonst viele Probleme. Als neuer Präsident weiß ich nichts über Linjeflyg. Diese Firma kann ich nicht alleine retten. Linjeflyg hat nur dann eine Überlebenschance, wenn Sie mir helfen – wenn Sie selbst Verantwortung übernehmen, mir Ihre Ideen und Erfahrungen mitteilen, damit uns mehr Möglichkeiten zur Verfügung stehen. Ich habe selbst einige Ideen, und wir werden sie wahrscheinlich auch anwenden können. Am wichtigsten ist jedoch, daß *Sie mir* helfen müssen, und nicht umgekehrt.«

Ich spürte sofort, daß meine Ansprache eine starke Wirkung hatte. Als die Leute das Treffen verließen, waren sie mit einem neuen Geist beseelt. Nie hätten sie erwartet, daß ich sie um ihre Hilfe bitte. »Wir dachten, Sie kommen an und sagen uns, was Sie alles vorhaben«, sagten mir später viele Mitarbeiter. »Sie drehten aber den Spieß um!«

Diese Erfahrung zeigte mir aufs neue, daß niemand von mir verlangte, ich solle mich hinstellen und allen sagen, was sie zu tun und zu lassen haben. Die Linjeflyg-Mitarbeiter waren hocherfreut, als ihr »Chef« sie aufforderte, sich aktiv an der Zukunft der Firma zu beteiligen.

Bevor ich meine Tätigkeit dort aufnahm, war das Thema, das am heftigsten diskutiert wurde, die Frage der Uniform für das weibliche Stammpersonal gewesen – obwohl die Fluggesellschaft im Jahr davor 3 Millionen Dollar verloren hatte, ihre Fluggastkapazität nur zu 50 Prozent auslasten konnte und ihre Maschinen nur 4,8 Stunden pro Tag in der Luft waren (gegenüber einem internationalen Schnitt von 7 Stunden). Ich betrachtete diesen Zustand als symptomatisch für eine Firma ohne kohärente und allgemeingültige unternehmerische Strategie.

Zu der Zeit stellte Linjeflyg ein klassisches produktorientiertes Unternehmen dar. Fünfundneunzig Prozent ihrer Kunden waren Geschäftsreisende, deren Firmen sich mehr oder minder damit abgefunden hatten, die Tarife zu bezahlen, die Linjeflyg verlangte. Maßgebend für die Tarifgestaltung waren die Ausgaben, die die Fluggesellschaft zu tragen hatte, nicht die Nachfrage und die Präferenzen des Marktes. Die Höhe der Ausgaben war durch die Größe der Flotte bestimmt, die wiederum auf der selbstauferlegten Bedingung beruhte, daß an jedem Werktag von allen schwedischen Großstädten aus ein Flug vor 9 Uhr nach Stockholm starten sollte. Folglich waren die Flugtarife hoch und genormt.

Gleichzeitig verfolgte die Firma gegensätzliche Ziele. Es war keine Rede davon gewesen, den Gewinn als unternehmerisches Ziel aufzugeben, aber ein Großteil der Geschäftsleitung teilte das politische Ziel, ein »geschlosseneres« Schweden zu schaffen, in dem sogar entlegene Gebiete bequeme und erschwingliche Verbindungen nach Stockholm erhalten sollten. So waren Langstreckenflüge nur wenig teurer als Kurzstreckenflüge. Das war eine tolle Sache für Leute in Nordschweden, aber nicht so toll für Linjeflyg. Meine wichtigste Aufgabe war also, die Verluste in Gewinne umzuwandeln. Würde nichts unternommen, dann stand der Firma unweigerlich der Bankrott bevor.

Unsere erste Folgerung war, daß man nur schwer mit einem Flugzeug Geld machen kann, das auf dem Boden steht. Wir mußten die Flugfrequenzen erhöhen, und das konnten wir nur, wenn wir mehr Fluggäste anlockten.

Den schwedischen Markt für Geschäftsflüge hatten wir schon in der Tasche, deshalb konnten wir die Zahl der Geschäftsreisenden nicht erhöhen. Statt dessen mußten wir diese dazu bringen, mehr zu fliegen als mit dem Auto oder Zug zu fahren. Das ließ sich nur dadurch bewerkstelligen, daß wir die

Flugfrequenzen erhöhten. Was die Privatreisenden anbetrifft, die ihre Flüge selbst bezahlten, so schienen diese damals in erster Linie mit dem Zug oder Auto zu fahren oder ganz zu Hause zu bleiben. Wie konnten wir diese Leute überzeugen, lieber ein Flugzeug zu nehmen? Natürlich indem wir die Kosten senkten.

»Wir halbieren die Preise bei Flügen mit niedriger Auslastung«, schlug ich vor. Unser amerikanischer Berater riet uns davon ab und erinnerte uns daran, daß einige amerikanische Fluggesellschaften, die diese Strategie versuchten hatten, fast eingegangen waren. Zum Glück hörten wir nicht auf ihn.

Die Unternehmensstrategie beinhaltete insgesamt vier Punkte, die darauf abzielten, Linjeflyg von einem produktorientierten in ein kundenorientiertes Unternehmen zu verwandeln. Eine bessere Ausschöpfung unserer festen Ressourcen – d.h. die Flugzeuge mehr Stunden pro Tag wirklich fliegen zu lassen – war nur einer dieser Punkte. Ein zweiter, genauso wichtiger, war, Linjeflyg als »die weltbeste Fluggesellschaft« in puncto Passagier-Service zu etablieren. Und im Falle Linjeflyg hieß guter Service zeitlich günstige Flugpläne, häufige Flüge und niedrige Preise – nicht Chateaubriand und erlesene Weine.

Es ist schwer, einem amerikanischen Publikum zu vermitteln, wie kühn es war, im Jahre 1978 in Schweden von der »weltbesten Fluggesellschaft« zu reden. Schweden führen von Natur aus keine großen Reden. In der ganzen Geschichte Schwedens gilt es von jeher als unziemlich, die Aufmerksamkeit auf sich zu lenken. Selbst öffentliches Lob oder öffentliche Kritik ist verpönt. Indem wir erklärten, die »weltbeste Fluggesellschaft« werden zu wollen, verletzten wir die soziale Norm der Bescheidenheit. Aus diesem Grund waren die Auswirkungen auf unsere Mitarbeiter und auf die Öffentlichkeit ungemein spannend.

Die anderen beiden Punkte unserer Unternehmensstrategie standen zwar weniger im öffentlichen Rampenlicht, spielten jedoch eine genauso wichtige Rolle bei Linjeflygs Umstellung zu einem kundenorientierten Unternehmen. Wir wollten die unternehmerische Verantwortung unter mehr Leuten in der Firma aufteilen und verwaltungstechnische Abläufe rationalisieren, um zu einer stärker am Gewinn orientierten Unternehmenspolitik zu gelangen.

Der neuen Organisationsstruktur gaben wir die Form eines Herzens: Die eine Hälfte des Herzens erzeugte Einkünfte und die andere verursachte Ausgaben. Die Grundidee war, der Markt sollte unserer Marketing-Abteilung mitteilen, was Linjeflyg produzieren und verkaufen soll. Dann sagt die Marketing-Abteilung der Geschäftsleitung, welche Produkte gefragt sind. Auf diese Weise hatten wir die traditionelle Organisation auf den Kopf gestellt. Vorher hatten die Ingenieure über die Verfügbarkeit der Flugzeuge bestimmt, ohne zu berücksichtigen, wann die Kunden tatsächlich fliegen wollten. Anstatt unseren Bordservice zu verringern, wie die Ingenieure wahrscheinlich empfohlen hätten, würden wir aus der finanziellen Misere herauskommen, indem wir unsere Einkünfte steigerten.

Auf einer Sitzung in Stockholm stellten wir unser Strategiepaket den Linjeflyg-Mitarbeitern vor. Ich begann mit der Feststellung, daß sich Schweden von einer statischen, ländlichen Gesellschaft in eine vitale, räumlich ausgedehnte Gesellschaft verwandelt habe. Aufgrund dieser Entwicklung seien neue Bedürfnisse hinsichtlich des Reisens entstanden, die über das hinausgingen, was Linjeflyg bisher an Flugmöglichkeiten für Geschäftsreisende zur Verfügung stelle. Dann erläuterte ich die ganze Unternehmensstrategie: das Konzept, die neue Organisation, die neuen Flugpläne und Flugpreise, sogar die Werbung. Es war alles sehr einfach und logisch – die Reaktion war aber verblüffend.

Denn das Ganze wurde zu einer Art Erweckungstreffen! Als die Leute wieder gingen, tönte unser neues Firmenlied »Love is in the Air« aus den Lautsprechern, und alle erzählten, wie aufregend diese neue Herausforderung werden würde. Der Grund für den ganzen Enthusiasmus lag in der Offenheit, in der ich mit den Mitarbeitern gesprochen hatte. Fast jeder sagte sich: »Das habe ich mir schon immer gedacht!«.

Ich werde nie den Vormittag vergessen, an dem wir die neuen Flüge und Flugpreise offiziell einführten. Als ich am Abflug-Terminal des Stockholmer Bromma-Flughafens ankam, säuselte unser Firmenlied wieder allerorten aus den Lautsprechern, und ich sah, wie unsere Mitarbeiter die Fluggäste mit einem warmen Lächeln und einer roten Rose für jeden einzelnen bei der »Neuen Inländischen Fluggesellschaft« herzlich willkommen hießen.

Manche bezeichneten dieses Aufgebot als »typisch Carlzon«, aber in Wahrheit stammte die Idee nicht von mir, sondern von den Mitarbeitern selbst. Als sie zum Beispiel feststellten, daß man Lautsprecher und Plattenspieler nicht zusammenschließen konnte, stand ein Mitarbeiter freiwillig den ganzen Tag da und hielt ein Mikrophon vor den winzigen Plattenspieler. Jeder arbeitete unwahrscheinlich hart, aber niemand beschwerte sich. Im Gegenteil – einen solchen Spaß hatte es schon seit Jahren nicht mehr bei Linjeflyg gegeben!

Von jenem Tag an schossen unsere Fluggastzahlen schlagartig in die Höhe. Außerdem wurde die Palette unserer Fluggäste erheblich breiter: Nun flogen nicht mehr nur Geschäftsreisende, sondern auch junge Leute, Rentner, sogar Familien mit Linjeflyg.

Obwohl wir verschiedene Maßnahmen zur Verbesserung der Fluggesellschaft ergriffen, war die wirksamste die dramatische Senkung der Flugpreise. Hätten wir unsere Tarife nicht ausreichend reduziert oder diese Verbilligung nicht gut genug angekündigt, hätten wir auch keine neuen Kunden erreicht, sondern lediglich die Flugtarife für unsere etablierten Kunden verbilligt. Um die mittags verkehrenden Flüge auszulasten, mußte man die Tarife für solche Flüge außerhalb der normalen Stoßzeiten extrem niedrig ansetzen. Wir wußten auch, daß wir unseren Werbeetat entsprechend erhöhen mußten.

Wie groß war das finanzielle Risiko, das wir eingingen? Ich versuchte, den potentiellen Verlust für eine einzige Flugroute zu kalkulieren, aber die Zahlen waren so hoch, daß ich genau wußte: wenn ich die Kalkulation hochrechne, bringe ich nicht den Mut auf, den Versuch zu starten. So hörte ich damit auf und ließ meine Intuition vor allen mathematischen Berechnungen gewähren.

»Ganz Schweden zum halben Preis!« war das Motto. Und wir boten auch Standby-Tickets zu etwa 20 Dollar für jeden Zielort innerhalb Schwedens an, was einen Rabatt von 60 bis 80 Prozent bedeutete.

Wir forderten die SAS auf, sich mit ihren inländischen Flugrouten an dieser Werbekampagne zu beteiligen. Im Jahr zuvor hatten die SAS und Linjeflyg gemeinsam einen Jugendtarif unter der Bezeichnung Y50 angeboten. Dabei erhielt jeder unter 27 Jahren einen 50-prozentigen Rabatt auf Standby-Flügen. Demnach kostete ein Ticket für alle Zielorte innerhalb Schwedens etwa 30 Dollar. Als die SAS eine weitere Zusammenarbeit mit uns in Erwägung zog, schätzte sie, daß eine weitere Reduzierung der Tarife von 30 auf 20 Dollar 3 000 bis 5 000 zusätzliche Fluggäste heranlocken würde – nicht ausreichend, um die Tarifsenkung aufzuwiegen. Sie lehnte ab.

Wir machten es im Alleingang. Da der 20-Dollar-Tarif umgerechnet 100 schwedische Kronen betrug, tauften wir ihn den »Hunderter-Schein« und bauten unsere landesweite Werbekampagne auf diesem Schlagwort auf. Innerhalb von Wochen strömten junge Leute zu Tausenden zum Stockholmer Flughafen Bromma, bauten dort ihre Zelte auf und brieten Würstchen, während sie auf einen Platz auf einem Linjeflyg-Flug warteten. Unser »Hunderter-Schein«-Angebot lockte nicht nur 5 000 zusätzliche Kunden an, sondern ganze *125000* allein im ersten Sommer!

Wo bekamen wir jene 120 000 zusätzlichen Fluggäste her, die die SAS-Finanzexperten in ihren Kalkulationen nicht auffinden konnten? Die Antwort war einfach: Niemand konnte sich einen Y50-Rabatt ausrechnen, aber jeder wußte, was ein Hunderter-Schein ist. Die Geschichte des »Hunderter-Schein«-Tarifs beweist, daß die Führung eines Unternehmens nicht immer eine Sache von Logik und Mathematik ist. Es geht genauso darum, die psychologischen Wirkungen einzuschätzen, die ein neues und attraktives Angebot auf dem Markt ausüben wird.

Ein anderes Mal merkten wir aufs neue, wie stark sich die Psychologie auf den Markt auswirken kann, als wir anfingen, unseren Fluggästen das Frühstück extra zu berechnen, und so ihren Wünschen besser gerecht wurden. Für insgesamt etwa 400 000 Dollar im Jahr hatten wir auf allen Vormittagsflügen eine Tasse Kaffee und ein Rosinenbrötchen gratis angeboten. Praktisch jeder beschwerte sich über die Qualität des Kaffees und des Brötchens.

So überlegten wir uns etwas anderes. Anstatt ein kostenloses Frühstück anzubieten, das niemand mochte, wollten wir ein volles Frühstück für etwa 2 Dollar anbieten, halbsoviel wie der Preis eines Frühstücks im Zug. Die Fluggäste waren durchaus bereit, den Preis des vollen Frühstücks zu bezahlen, und wir verdienten 50 Cents pro Stück.

Nicht jeder wollte das volle Frühstück haben; viele hatten schon zu Hause gefrühstückt. »Wenn ich aber eine Tasse Kaffee und ein Brötchen haben könnte«, sagten sie uns, »würde ich auch gerne einen Dollar dafür zahlen.«

So begannen wir, das Frühstück, das wir früher verschenkt hatten, gegen Geld anzubieten. Die Fluggäste, die sich vormals beschwert hatten, waren zufrieden, und wir steigerten unsere Einnahmen.

Von den Mitarbeitern selbst bekamen wir weitere Anregungen, wie wir mehr Gewinn machen konnten. Eine Gruppe von Flugbegleitern hatte lange um Erlaubnis gebeten, Pralinen, Parfüms und andere Artikel an Bord verkaufen zu dürfen. (Ihren Wunsch begründeten sie unter anderem auch damit, daß sie mehr zu tun haben wollten während des Fluges!) Die Idee versandete aber irgendwo in den höheren Befehlsebenen der Firma, zumal Studien ergeben hatten, daß dies kein Geld einbringen würde. Wir warfen die Studien zum Altpapier und legten die Verantwortung für den Erfolg der Idee direkt in die Hände des Kabinenpersonals. »Sie können Ihre Idee ausprobieren, wenn Sie dafür die finanzielle Verantwortung tragen. Und wenn es funktioniert, dann verdienen Sie eine Provision an dem, was Sie verkaufen.« Kurz darauf unterbreiteten sie uns einen Vorschlag, den wir akzeptierten. An diesem Projekt verdienten wir Millionen, und das Kabinenpersonal steckte ansehnliche Provisionen in die Tasche.

Die Zahlen sagen alles: Im ersten Jahr senkten wir unsere Flugpreise um durchschnittlich 11 Prozent, und unsere Einnahmen stiegen von etwa 84 Millionen auf etwa 105 Millionen Dollar. Und ohne unsere Flugbesatzungen um ein einziges Mitglied oder unsere Flotte um ein einziges Flugzeug zu vergrößern, erhöhten wir unsere Fluggastzahlen um 44 Prozent, indem wir schlicht und einfach unsere Flugzeuge häufiger fliegen ließen.

Nichts von all dem wäre möglich gewesen, wenn wir uns an die traditionellen Arbeitsweisen gehalten hätten. Hätte ich von meinem Platz an der Spitze der Pyramide aus Anweisungen gegeben, wäre es nie möglich gewesen, unsere Idee innerhalb so kurzer Zeit in die Tat umzusetzen. Und wahrscheinlich hätten wir auch nicht eine solche Erfolgsstrategie gefunden, da viele der erfolgreichen Ideen ja von den Mitarbeitern selbst stammten.

Wir hätten sicher nicht soviel Erfolg gehabt, wenn nicht eine große Mehrheit der Mitarbeiter bereit gewesen wäre, viel zusätzliche Zeit und Mühe für ihre Arbeit aufzubringen. Was hatte sie veranlaßt, sich so stark zu engagieren? Ich glaube, es war das Verstehen all unserer Ziele und unserer langfristigen Vorhaben. Wir vermittelten ihnen unsere Vision darüber, wie das Unternehmen in der Zukunft werden könnte, und sie waren bereit, dafür Verantwortung zu tragen und diese Vision in die Tat umzusetzen. Zum ersten Mal erlebten sie, wie bei Linjeflyg etwas Innovatives unternommen wurde, und sie wußten, daß der Erfolg von ihnen abhing. Sie konnten sogar über ihre Firma in den Zeitungen lesen, da die Presse über alle Entwicklungen begeistert berichtete. Oft erlaubte uns diese Aufmerksamkeit seitens der Medien, bestimmte Vorhaben durchsickern zu lassen, bevor alle Details völlig geklärt waren – eine zugegebenermaßen riskante Strategie, die aber innerhalb des Unternehmens eine ungeheure Antriebskraft erzeugte.

In unserer Werbung verglichen wir unseren Service ganz unverhohlen mit dem der SJ, der schwedischen Eisenbahn. Das war nun wirklich unorthodox, denn nicht nur war Eigenlob den Schweden fremd, sondern es bestand seit langem eine stillschweigende Übereinkunft, daß die Fluggesellschaften nicht mit der Eisenbahn um Reisende konkurrierten. Als der Chef von SJ mich aufforderte, damit aufzuhören, sagte ich ihm, daß die Dinge inzwischen anders lägen – ich wollte ihm seine Kunden abwerben. Daraufhin verkündete er, daß die SJ mit einer eigenen Werbung zurückschlagen wolle.

»Großartig!« antwortete ich. »Höchste Zeit, daß wir etwas Konkurrenz bekommen. Bei so einer Monopolstellung kann es einem manchmal ein bißchen langweilig werden.«

Nach einem Jahr hitziger Konkurrenzkämpfe sagte er mir, daß sich seine Einstellung geändert hätte. »Ihre Werbekampagne, in der Sie Linjeflyg mit uns verglichen, war das beste, was uns passieren konnte«, sagte er. »Plötzlich schreien alle bei der SJ: ›Wir werden ihnen zeigen, daß Züge Flugzeugen haushoch überlegen sind!‹«

Vingresor und Linjeflyg sind zwei der drei – alle in der Reisebranche angesiedelten – skandinavischen Unternehmen, denen ich aus der Misere half. Manche Leute schreiben meinen Erfolg irgendwelchen Marketing-Tricks zu (eine Zeit lang galt ich als »Schwedens Freddie Laker«), aber in Wahrheit hatte ich stets ein anderes Programm, um die Probleme dieser drei grundverschiedenen Unternehmen zu lösen. Mein Erfolg beruhte vielmehr darauf, daß ich jede Firma wieder nach den Bedürfnissen des Marktes ausrichtete, den sie bediente. Zu diesem Zweck lernte ich, mich mehr auf die Mitarbeiter an der Kundenfront zu verlassen und weniger auf meine eigenen Edikte. Mit anderen Worten: Als ich gelernt hatte, eine Führungskraft und nicht bloß ein Manager zu sein, war ich in der Lage, für jedes der drei Unternehmen neue, marktorientierte Möglichkeiten zu eröffnen und die kreativen Energien seiner Mitarbeiter zu erschließen.

Kapitel 3
Der Kurswechsel der SAS

1980, nach zwei Jahren bei Linjeflyg, bat man mich, den Posten des Vorstandsvorsitzenden der SAS zu übernehmen. Inzwischen hatte Linjeflyg die Krise überstanden, und nun lief alles wie am Schnürchen. Ich meinte auch zu wissen, was der SAS fehlte, und so fiel es mir leicht, das Angebot anzunehmen.

Zu der Zeit steckte die ganze Luftverkehrsbranche in Schwierigkeiten. Früher hatten große Fluggesellschaften Jahr für Jahr mit einem stetigen Wachstum des Marktes rechnen können, aber aufgrund der Ölkrisen Anfang der siebziger Jahre hatte der Markt sowohl für Passagiere als auch für Fracht letztendlich stagniert. Die SAS, dessen Kapital zur Hälfte in privaten Händen und zur Hälfte bei den Regierungen von Dänemark, Norwegen und Schweden lag, hatte zwar eine stolze Reihe von Erfolgen vorzuweisen, aber als ich die Führung übernahm, schrieb das Unternehmen das zweite Jahr hintereinander rote Zahlen. Nachdem die SAS seit 17 Jahren ununterbrochen Pluszahlen ausgewiesen hatte, kam nun ein Minus von 20 Millionen Dollar – nach schwedischen Maßstäben eine stattliche Summe – auf sie zu, und jeder wußte, daß es an der Zeit war, etwas dagegen zu unternehmen.

Viele bei der SAS gingen davon aus, daß ich einerseits wieder eine dramatische Senkung der Flugtarife vornehmen würde, wie ich es bei Linjeflyg getan hatte, und andererseits die Kosten so stark wie möglich eindämmen würde, wie ich es bei Vingresor getan hatte. Doch so einfach war die Sache nicht. Bei Vingresor hatten wir es damals mit einem schrumpfenden Markt zu tun, und so mußten wir die Kosten reduzieren, um mit den Kunden, die wir halten konnten, einen Gewinn zu machen. Bei Linjeflyg hatten wir feste Kosten, und so mußten wir unsere Einnahmen vergrößern; dies erreichten wir, indem wir die Flugpreise senkten und die Flugfrequenzen erhöhten. Die Situation bei der SAS war jedoch eine völlig andere – und mußte infolgedessen anders angegangen werden.

Als der Markt stagnierte, ging die oberste Geschäftsleitung der SAS zunächst davon aus, daß die Einnahmen sich nicht erhöhen würden, und konzentrierte sich darauf, die Kosten zu senken. In den 30 Jahren zwischen dem Ende des zweiten Weltkriegs und der ersten Ölkrise 1973–74 hatte die SAS in einem stabilen Umfeld mit geringem Wettbewerb gearbeitet. Die Jahreseinnahmen des Unternehmens konnte man einfach und zuverlässig vorhersagen. Das Produkt, die Preise (mit Abstrichen wegen der Inflation) und andere Faktoren waren feste Größen, wobei die Kostenseite die einzige Variable der Gleichung darstellte. Die beste Taktik zur Verbesserung des Unternehmenserfolgs war eindeutig, die Schere zwischen Einnahmen und Ausgaben durch Senkung der Kosten zu schließen.

Damals setzte die oberste Geschäftsleitung der SAS ein Standardmittel ein, den sogenannten »Käseschaber«, der ohne Berücksichtigung der Marktnachfrage die Kosten gleichmäßig in allen Bereichen senkt. Mit Hilfe dieser Methode gelang es tatsächlich, einige Ausgaben zu streichen, auf die das Unternehmen während einer Flaute gut verzichten konnte. Gleichzeitig wurden aber viele Service-Leistungen beschnitten, die von Kunden wirklich gewünscht und auch gerne bezahlt wurden, während man andere beibehielt, die für die Kunden weniger interessant waren. Durch diese Kostendämpfung beschnitt das Unternehmen praktisch die eigene Wettbewerbsstärke. Die Auswirkungen dieser Politik innerhalb der Firma waren genauso schwerwiegend: die Mitarbeiter wurden ihrer Eigeninitiative beraubt. Letztlich fühlte sich niemand für die Überwachung der Kosten verantwortlich.

Während der ersten Phase meiner Amtszeit bei der SAS hatte ich das Glück, daß Helge Lindberg, eine unserer Spitzenkräfte, durch die Beratung einiger ehemaliger Manager unterstützt, für die Betriebsführung zuständig war. Somit konnte der neue Führungsstab, den ich zusammensetzte, seine Zeit und seine Energien darauf verwenden, die SAS auf einen neuen Kurs zu bringen.

Das uns vom Aufsichtsrat gesetzte Ziel war, die Ertragslage der Fluggesellschaft zu verbessern, obwohl keine Erweiterung des Marktes abzusehen war. Wir wollten nicht durch den Verkauf von Flugzeugen eine kurzfristige Rentabilität erzielen, was viele Fluggesellschaften in Notzeiten versuchen; sondern rentabel werden, indem wir den besten Service auf dem Markt anbieten, und dadurch unseren Anteil am stagnierenden Gesamtmarkt vergrößern.

Wir wußten, daß die SAS die Kosten so weit gesenkt hatte wie nur irgend möglich. Sie weiter zu senken, entspräche bei einem Auto, das bereits stillsteht, auf die Bremse zu treten. Man könnte dabei mit dem Fuß den Boden durchdrücken und einen dauerhaften Schaden anrichten. So bestand die einzige Lösung für die Probleme der SAS darin, die Einnahmen zu vergrößern.

Wir brauchten zunächst ein klares Bild über die Außenwelt und den Platz, den die SAS darin einnahm. Das bedeutete, daß wir uns ein Ziel setzen und uns überlegen mußten, wie wir dieses Ziel erreichen wollten. Mit anderen Worten: Wir mußten eine neue Unternehmensstrategie schaffen.

Wir wollten, daß die SAS auch bei einem Nullwachstumsmarkt, wie wir ihn gerade erlebten, ihren Flugbetrieb rentabel gestaltete. Um dies zu erreichen, beschlossen wir, die »weltbeste Fluggesellschaft für Geschäftsreisende« zu werden. Geschäftsreisende hatten wir als den einzigen stabilen Teil des Marktes eingestuft, denn im Gegensatz zu Touristen müssen Geschäftsleute in guten wie auch in schlechten Zeiten reisen. Noch wichtiger ist vielleicht, daß der Geschäftsreisen-Markt besondere Anforderungen stellt, und die Entwicklung von entsprechenden Service-Leistungen es uns ermöglichen würde, solche vollzahlende Kunden zu gewinnen.

Es handelte sich um keine besonders originelle oder geniale Idee. Jede Fluggesellschaft weiß, daß ohne Geschäftsreisende als Kunden keinen Gewinn zu erzielen ist, weil sie meistens die einzigen Fluggäste sind, die den vollen Tarif bezahlen. Neu war die Art und Weise, wie wir dieses Ziel erreichen wollten im Gegensatz zur »Käseschaber«-Methode.

Wir wollten aufhören, Ausgaben grundsätzlich als ein Übel anzusehen, das es zu drosseln gilt, und sie statt dessen als Möglichkeit betrachten, unsere Wettbewerbsfähigkeit zu verbessern. Wir fanden sogar, daß Ausgaben uns einen Wettbewerbsvorteil verschaffen könnten, vorausgesetzt sie trugen zu unserem Ziel bei, dem Geschäftsreisenden zu dienen.

So unterwarfen wir jede Ressource, jede Ausgabe, jeden Arbeitsablauf einer eingehenden Untersuchung und fragten uns dabei: »Brauchen wir dies, um dem oft fliegenden Geschäftsmann zu dienen?« Wenn nicht, dann waren wir bereit, die Ausgabe bzw. den Ablauf zu streichen, egal worum es sich handelte oder wie sehr die Mitarbeiter daran hingen. Wenn ja, dann waren wir bereit, dafür *mehr* Geld auszugeben, um eine weitere Entwicklung zu ermöglichen und damit die SAS wettbewerbsfähiger zu machen. Wenn irgendetwas fehlte, waren wir bereit, es zur Verfügung zu stellen. Mit anderen Worten: Wir wollten lieber in 100 Bereichen nur um 1 Prozent besser sein als in einem einzigen Bereich um 100 Prozent.

Das Ergebnis war ein einzigartiger strategischer Plan, das Unternehmen von Grund auf umzukrempeln. Weit davon entfernt, die Kosten weiter kürzen zu wollen, schlugen wir dem Aufsichtsrat vor, *zusätzlich* 45 Millionen Dollar zu investieren und die Betriebsausgaben um 12 Millionen Dollar im Jahr zu *erhöhen,* damit wir 147 verschiedene Projekte finanzieren konnten: von einer umfassenden Pünktlichkeitskampagne über die Verbesserung unseres Drehkreuzes Kopenhagen und Trainingsseminaren für über 12 000 unserer Mitarbeiter bis hin zur Wiedereinführung der Olive im Martini-Cocktail für unsere Fluggäste. Es war ein enormes Risiko. Wir hatten keinerlei Garantie, daß diese zusätzlichen Ausgaben Mehreinnahmen bringen würden. Es war aber unsere einzige Chance, denn die Möglichkeiten zur Kostenreduzierung waren bereits ausgeschöpft.

Trotz des hohen Risikos war der Aufsichtsrat begeistert. Auf einer Sitzung in Dänemark im Juni 1981 stimmte er dem Plan einstimmig zu, und wenige Wochen später wurde mir der Posten des Vorstandsvorsitzenden der SAS-Gruppe angeboten. Trotz eines stagnierenden Marktes, und zu einem Zeitpunkt, als wir jährlich nahezu 20 Millionen Dollar Verluste hatten, gaben wir Vollgas.

In bestimmten Bereichen traten wir jedoch auch auf die Bremse. Bei der Durchführung unseres Plans stellten wir fest, daß eine Reihe von unternehmerischen Maßnahmen und Arbeitsweisen unserem Ziel nicht dienlich waren. Während wir 45 Millionen Dollar in das Unternehmen investierten, starteten wir auch ein umfangreiches Projekt namens »Trim«, das uns eine Kostenreduzierung von 40 Millionen Dollar ermöglichte.

Nach Festsetzung des Ziels, Geschäftsreisenden zu dienen, war es leicht, Ausgabenkürzungen zu bestimmen, die uns nicht zum Nachteil gereichen würden. Zum Beispiel hatten Geschäftsreisende kein Interesse daran, eine Abteilung mitzufinanzieren, die Tourismusreisen vermarktete bzw. das Ansehen der Flugverkehrsbranche aufzubessern versuchte.

Die SAS hatte eine 40 Mitarbeiter umfassende Marktforschungsabteilung, die serienweise ausführliche Marktanalysen erstellte. Diese Abteilung erfüllte einen wesentlichen Zweck, solange alle Entscheidungen von einigen wenigen Managern ohne direkten Bezug zu den Kunden getroffen wurden. Als wir aber die Verantwortung den Mitarbeitern an der Kundenfront weitergaben, brauchten wir nicht mehr so viele Marktanalysen, da unsere Entscheidungen von Leuten getroffen wurden, die ständig direkten Kontakt mit dem Markt hatten. So gaben wir jenen Mitarbeitern, die ständig in Statistiken und Computerausdrucken verstrickt gewesen waren, die Gelegenheit, an der Kundenfront zu arbeiten oder direkt Verantwortung für bestimmte Flugrouten zu übernehmen.

Dasselbe galt für den Papierkrieg. Angesichts der Dezentralisierung der Verantwortung brauchten wir nicht mehr soviele Leute, die ihre Zeit damit zubrachten, Anweisungen und Richtlinien zu verfassen, sie zu verteilen und dafür zu sorgen, daß sie beachtet wurden. So strichen wir erst einmal *alle* Berichte und führten nur die wieder ein, die wir wirklich brauchten.

Das ganze Programm sollte im Herbst 1981 anlaufen. Während jenes Sommers herrschte noch eine gewisse Verwirrung, doch letztendlich ließen sich die Einzelteile überraschend leicht zu einem harmonischen Ganzen zusammenfügen. Weshalb? Nicht nur wegen der Vision der obersten Geschäftsleitung, sondern auch, weil die Mitarbeiter im ganzen Unternehmen diese Vision wahrnahmen und dabei die Initiative ergreifen konnten, die Einzelteile eben dort einzufügen, wo sie hingehörten. In den Bereichen, wo wir über kein System verfügten, sparten der gesunde Menschenverstand und die langjährige Erfahrung der Mitarbeiter viel Zeit. Manchmal wurden Fehler gemacht, aber das war nichts Schlimmes. Fehler kann man meist wieder beheben; die Zeit, die durch das Ausbleiben nötiger Entscheidungen verlorengeht, kann man aber nie wieder einholen.

Die veränderte Einstellung der Mitarbeiter war eines der bedeutendsten Ergebnisse der SAS-Kurswechselstrategie. Unsere Erklärung, neue Gewinne durch die strenge Ausrichtung als dienstleistungsorientierte Fluggesellschaft erwirtschaften zu wollen, lösten eine radikale Veränderung in der innerbetrieblichen SAS-Kultur aus. Traditionell hatten sich die Manager bei der SAS mit Investitionen, Geschäftsführung und Verwaltung befaßt. Der Dienst am Kunden war zweitrangig – Aufgabe von Mitarbeitern, die ganz weit draußen am Rande des Unternehmens angesiedelt waren. Jetzt war das *gesamte* Unternehmen – von der Chefetage bis hin zum entlegensten Abfertigungsschalter – auf den Dienst am Kunden eingestellt.

Die Bemühungen an der Kundenfront wurden plötzlich innerhalb des Unternehmens stärker anerkannt. Alle Mitarbeiter wurden extra geschult im Dienst am Kunden, und für viele war der Inhalt dieser Schulungskurse weniger wichtig als die Tatsache, daß die Firma Zeit und Mittel in sie investierte. Oft hatte man sie nicht ausreichend gewürdigt, jetzt standen sie im Mittelpunkt.

Über die neue Aufmerksamkeit für den Dienst am Kunden hinaus gelang es uns, neue Energien zu wecken, indem wir alle, die in irgendeiner Weise mit der SAS verbunden waren – von Aufsichtsratsmitgliedern bis hin zu den Buchungssachbearbeitern –, über unsere Konzernziele leichtverständlich informierten. Sobald wir die Genehmigung vom Aufsichtsrat eingeholt hatten, verteilten wir an jeden unserer 20 000 Mitarbeiter ein kleines rotes Büchlein mit dem Titel »Wir packen es gemeinsam an!«. Diese Veröffentlichung vermittelte unserem Personal in sehr knapper Form dieselben Informationen über Vision und Ziele des Unternehmens, an denen der Aufsichtsrat und die oberste Geschäftsleitung sich bereits orientierten. Wir wollten, daß jeder Mitarbeiter der Firma unsere Zielsetzung genau versteht und sich die Botschaft nicht verzerrt, während sie innerhalb des Unternehmens von Mitarbeiter zu Mitarbeiter weitergegeben wurde.

Die Weitergabe der Verantwortung und die Mitteilung unserer Vision an alle Mitarbeiter verlangte ihnen mehr ab. Wer aber Informationen erhält, kann nicht umhin, sie anzunehmen. Als sie einmal unsere Vision begriffen hatten, nahmen die Mitarbeiter begeistert Verantwortung auf sich, und diese Einstellung löste gleichzeitig viele kraftvolle Entwicklungen innerhalb der Firma aus. Die Medien schrieben die meisten dieser Entwicklungen mir zu. Doch so, wie das Unternehmen inzwischen organisiert war, war ich nur einer unter Tausenden, die für die Gewinnerzielung verantwortlich waren. Die bei der SAS neuerdings freigesetzte Energie war das Ergebnis der Bemühungen von 20 000 Mitarbeitern, die Tag für Tag auf ein einziges gemeinsames Ziel zustrebten.

Tatsächlich waren nur wenige unserer Ideen neu. Unsere Vorgänger in der Unternehmensleitung hatten schon vorher die Notwendigkeit einer größeren Leistungsbetontheit gesehen. Viele der Ideen, die wir in die Tat umsetzten, hatten als Studien und Notizen bereits existiert.

Zum Beispiel hatte man bei der SAS lange darüber diskutiert, eine besondere Klasse für Geschäftsreisende einzurichten.

Diese Idee war kaum originell; Air France, British Airways und KLM hatten bereits solche Programme gestartet. Doch jetzt, da die SAS es sich zum Ziel gesetzt hatte, den besten Service für oft fliegende Geschäftsreisende zu bieten, war es nur selbstverständlich, daß auch wir eine solche Klasse einführten.

Eines unserer Probleme bestand darin, daß zu viele SAS-Fluggäste zu ermäßigten Tarifen flogen – nicht unbedingt Passagiere der ersten Klasse, aber jedenfalls solche der Economy. Andere europäische Fluggesellschaften hatten eine Business-Klasse geschaffen, indem sie dem normalen Economy-Tarif einen Aufpreis zuschlugen. Wir begriffen, daß wir unsere finanzielle Lage erheblich verbessern konnten, indem wir mehr Geschäftsreisende davon überzeugten, den vollen Economy-Tarif zu bezahlen. Auf unseren europäischen Flügen strichen wir also die erste Klasse (die sowieso in erster Linie als der weltteuerste Speisesaal für Manager der Fluggesellschaft gedient hatte) und riefen die »EuroClass« ins Leben, die zum vollen Economy-Tarif erheblich besseren Service bot. Wir behielten unsere verbilligten Tarife bei, stellten sie aber in unserer Werbung zunächst einmal etwas zurück, da wir uns auf die Geschäftsreisenden konzentrieren wollten.

Zunächst machten wir die Unterschiede zwischen den Klassen sichtbar. In unseren Flugzeugen bauten wir bewegliche Trennwände ein, um die EuroClass-Abteilung von den anderen abzugrenzen. In den Flughäfen boten wir EuroClass-Gästen komfortable Lounges mit Telefon- und Telexdiensten, und wir führten für Geschäftsreisende eigene Abfertigungsschalter, bequemere Sitze und besseres Essen ein.

Wir machten auch Unterschiede hinsichtlich der Qualität des Service. EuroClass-Passagiere wurden in weniger als 6 Minuten abgefertigt gegenüber 10 Minuten in der Touristenklasse. Geschäftsreisende durften das Flugzeug als letzte besteigen und als erste verlassen. Sie erhielten ihr Essen zuerst und wurden mit kostenlosen Getränken, Zeitungen und Zeitschriften versorgt.

Die Ergebnisse ließen nicht lange auf sich warten. Unser finanzielles Ziel war es gewesen, die Einnahmen um etwa 25 Millionen Dollar im ersten, um 40 Millionen Dollar im zweiten und um 50 Millionen im dritten Jahr zu steigern. Zu unserer Verblüffung steigerten wir sie jedoch um fast 80 Millionen Dollar *allein im ersten Jahr* – in einem Markt, der so drastisch schrumpfte, daß die anderen internationalen Fluggesellschaften Verluste in einer Größenordnung von zusammen 2 Milliarden Dollar erlitten. Innerhalb von drei Jahren hatten wir die Zahl der Fluggäste, die den vollen Tarif bezahlten, um 23 Prozent erhöht, und die der Passagiere zum ermäßigten Tarif um 7 Prozent, obwohl der Markt insgesamt gesehen noch stagnierte. 1985 und 1986 übertrafen die steigenden Fluggastzahlen der SAS weit das Gesamtwachstum des Marktes.

Auszeichnungen ließen nicht auf sich warten: In einer Umfrage, die im August 1983 in der amerikanischen Business-Zeitschrift *Fortune* erschien, wurden wir als die weltbeste Fluggesellschaft für Geschäftsreisende bezeichnet. Und 1983 kürte uns die renommierte US-Luftfahrtzeitschrift *Air Transport World* zur »Airline des Jahres«.

In einem einzigen Jahr hatten wir eine Fluggesellschaft, die mit Problemen der Arbeitsmoral, einem schrumpfenden Marktanteil und roten Zahlen kämpfte, aus der Misere geholt und zu genau dem gemacht, war wir uns vorgenommen hatten: zur weltbesten Fluggesellschaft für Geschäftsreisende.

Der Gewinn selbst war jedoch nicht das wichtigste. Unsere Ergebnisse hätten wir unter Umständen auch um mehr als 80 Millionen Dollar steigern können, wenn wir unsere Kosten noch mehr gekürzt hätten. Das wäre aber nur eine kurzfristige

Lösung gewesen. Danach hätten wir uns mit unzufriedenen Kunden, unmotivierten Mitarbeitern und einem noch niedrigeren Marktanteil herumplagen müssen. Wichtiger war, daß wir unser neues Rentabilitätsniveau durch Investitionen in den Markt, in die Kunden und in unsere Mitarbeiter erreicht hatten. Das Nettoergebnis war nicht nur eine Steigerung von 80 Millionen Dollar, sondern Millionen zufriedener Kunden und Tausende motivierter Mitarbeiter. Letztendlich hatten wir uns eine Reihe lebenswichtiger Ressourcen für die Zukunft geschaffen.

Kapitel 4
Beruf: Führungspersönlichkeit

Im Sommer 1981, im ersten Jahr meiner Zeit als Präsident der SAS, wollte ich zwei Wochen Urlaub machen. Doch sobald ich in meinem Landhaus angekommen war, fing das Telefon an zu klingeln. Und hörte nicht mehr auf: Fragen von Mitarbeitern über die banalsten Angelegenheiten. Dort auf dem Land verfügte ich natürlich über weniger Informationen als irgendjemand in der Unternehmenszentrale; trotzdem riefen sie mich an. Nach ein paar Tagen gab ich es auf und fuhr wieder zurück nach Stockholm, denn meine Arbeit aus der Entfernung tun zu müssen, vergeudete nur kostbare Zeit.

Im darauffolgenden Sommer wollte mich eine schwedische Zeitung über das Thema »Es auf die leichte Schulter nehmen« interviewen. Ich sagte zu unter der Voraussetzung, daß der Artikel eine Woche *vor* meinem Urlaub veröffentlicht würde, damit jeder bei der SAS zur Kenntnis nimmt, was ich sagen wollte.

Im Interview erklärte ich, wie meiner Ansicht nach die Verantwortung innerhalb eines Unternehmens so zu delegieren sei, daß die Einzelentscheidungen am Punkt der Verantwortung getroffen werden und nicht weit oben in der Unternehmenshierarchie. Wir hätten das Unternehmen so gestaltet und Manager ernannt, die auf diese Weise vorgehen sollten. »Jetzt will ich vier Wochen Urlaub machen«, sagte ich. »Wenn mein Telefon *nicht* klingelt, ist das für mich der Beweis meines Erfolgs – meine Mitarbeiter haben die Verantwortung auf sich genommen und treffen Entscheidungen selbst. Wenn das Telefon aber klingelt, dann habe ich versagt – entweder habe ich mich nicht richtig mitteilen können, oder ich habe es nicht geschafft, Manager zu gewinnen, die bereit sind, Verantwortung auf sich zu nehmen.«

Ein paar Tage später fuhr ich in Urlaub. Und vier Wochen lang war das Telefon herrlich still.

Das war der beste Beweis dafür, daß das Unternehmen in der Tat so funktionierte, wie wir es angelegt hatten – selbst wenn ich mit dem Interview ein bißchen nachgeholfen hatte. Nach meiner Rückkehr entdeckte ich, daß während meiner Abwesenheit viele Entscheidungen gefallen waren. Einige davon gefielen mir nicht besonders – aber das Wichtige war, daß man die Entscheidungen überhaupt getroffen hatte. Die Mitarbeiter nahmen auf der Grundlage von präzisen, neuen Informationen Verantwortung auf sich.

Das ist der Unterschied zwischen einem Manager im traditionellen Sinne und einer Führungspersönlichkeit in einem modern orientierten Unternehmen. Die Erfolgsgeschichten von Linjeflyg und SAS sind weitgehend darauf zurückzuführen, daß ich die wichtigen Lektionen, die ich schon früh bei Vingresor gelernt hatte, mir zu Herzen nahm. Eine Führungskraft wird nicht ernannt, weil sie alles weiß und jede Entscheidung treffen kann. Sie ist dazu da, die verfügbaren Informationen zusammenzustellen und die Voraussetzungen für die zu leistende Arbeit zu schaffen. Sie schafft die Systeme, um die Verantwortung für den Alltagsbetrieb zu delegieren.

Früher war es natürlich undenkbar, daß der Vorstandsvorsitzende eines Unternehmens sich einen ganzen Monat lang vom

Bürobetrieb völlig verabschiedet. Von einer Spitzenkraft erwartete man, daß sie alle wichtigen Entscheidungen selbst trifft und stets direkt am Betriebsablauf beteiligt ist. Es waren laufend wichtige Entscheidungen zu treffen, und deshalb war eine Führungskraft darauf gefaßt, Tag und Nacht, werktags und am Wochenende arbeiten zu müssen. Sagte man: »Seit vier Jahren konnte ich keinen richtigen Urlaub mehr nehmen«, so zeigte das eine feste Hand und die eigene Unverzichtbarkeit.

Der typische Spitzenmanager war eine Entscheidungsmaschine. Mitarbeiter lieferten die rohen Daten zu einem Problem und unterbreiteten ihre Lösungsvorschläge. Der Manager verarbeitete dann die Informationen und spuckte die Antwort aus: »Wir nehmen die Alternative 2B.« Da er als einziger das Gesamtbild vor Augen hatte, war er gezwungen, wichtige Entscheidungen selbst zu treffen. Sonst war niemand dafür vorbereitet.

In diesem System sah es so aus, als würde der Chef die volle Verantwortung auf seine Schultern nehmen, doch in Wirklichkeit war das Gegenteil der Fall. Er übernahm nicht die Verantwortung für den wichtigsten Aspekt seiner Arbeit, nämlich die globale Unternehmensvision in die Tat umzusetzen. Er traf nur Entscheidungen in den Angelegenheiten, die ihm zur Kenntnis gebracht wurden. Doch selbst wenn alle wichtigen Fragen den weiten Weg bis zur Spitze der Pyramide schafften und der Chef ein vollendeter Entscheidungsträger war, hatte er einfach nicht die Zeit, jeder Frage nachzugehen und sich ein gut informiertes Urteil zu bilden.

Was war das Ergebnis? Viele Entscheidungen wurden einfach nie getroffen. Keiner im Unternehmen konnte die Gesamtvision vor Augen haben – die Mitarbeiter waren nicht eingeweiht, und der Chef sah vor lauter Wald die Bäume nicht mehr. Viele Mitarbeiter wurden zunehmend passiv, weil sie glaubten, daß auch wenn ihnen etwas gutes einfiele, »die Geschäftsleitung sich sowieso dagegen stellen würde.«

Viele halten es für eine sehr schwere Aufgabe, auf diese klassische Art ein Unternehmen zu führen – der Manager wird ständig von seinen Mitarbeitern beansprucht und ist nachts, am Wochenende und sogar im Urlaub ständig im Einsatz. Ich aber glaube, daß die Aufgabe einer wirklichen Führungskraft noch viel schwieriger ist.

Niemand legt ihnen einen Vorschlag für eine neue, umfassende Unternehmensstrategie auf den Schreibtisch und bittet sie, dazu Stellung zu nehmen. Sie müssen es selbst auf den Schreibtisch bringen. Und nehmen sie einmal ihre Vorstellung vom Gesamtbild zur Formulierung einer Strategie in Anspruch, dann müssen sie auf eine breite Palette von Fähigkeiten zurückgreifen können, um einige Ziele zu verwirklichen. Sie müssen eine Unternehmensstrategie ausarbeiten, die auf ihre Zielsetzung ausgerichtet ist. Sie müssen das Ziel und die Strategie dem Aufsichtsrat, den Gewerkschaften und allen Mitarbeitern vermitteln. Sie müssen den Mitarbeitern an der Kundenfront viel mehr Verantwortung abtreten und eine Atmosphäre der Geborgenheit schaffen, in der die Mitarbeiter es wagen können, ihre neu gewonnene Autorität auch anzuwenden. Sie müssen eine Organisation schaffen, die das Ziel verwirklichen kann, und Maßnahmen ergreifen, die in die richtige Richtung weisen. Kurz gesagt, sie müssen die Voraussetzungen schaffen, daß die Vision Wirklichkeit wird.

Das ist viel schwerer, als sie selbst in die Tat umzusetzen. Genau diesen Fehler machte ich, als ich ganz frisch zum Vorstandsvorsitzenden der SAS ernannt worden war. Obwohl wir uns in erster Linie auf die Personenbeförderung konzentrierten, hatten wir auch unseren Mitarbeitern in der Frachtabteilung die Verantwortung übertragen, eine neue Strategie zu entwickeln. Doch es schien mir, daß sie nichts anderes hervorbrachten als ein paar allgemeine Schlachtrufe wie etwa: »Go Cargo, Go.« Ich war ungeduldig und wollte eine »echte« strategische Denkweise sehen.

So setzte ich mich mit dem Leiter der Frachtabteilung zusammen und sagte: »Das kann doch nicht so schwierig sein. Was der Markt sich wünscht, ist natürlich die Frachtbeförderung von Haus zu Haus. Entwickelt ein solches Projekt und tauft es EuroCargo, das paßt gut zu unserer EuroClass im Passagierbereich.«

Er tat, wie verlangt, und – das Ganze wurde ein Flop. Warum? Weil ich von der Spitze der Pyramide aus die Entscheidung über einen Unternehmensbereich getroffen hatte, der mir völlig fremd war. Mir fehlte grundlegendes Wissen über die besondere Struktur des Frachtmarktes und über die Arbeitsteilung auf diesem Gebiet. Da ich von der Passagierseite kam, wußte ich nicht, daß es sich bei der Luftfracht um ein Produkt handelt, das großen Unternehmen der verarbeitenden Industrie in langfristigen Verträgen verkauft wird.

Hätte ich eine Atmosphäre geschaffen, in der die Ideen der Manager der Frachtabteilung sich frei hätten entfalten können, wäre es nie zu diesem Fehler gekommen. Statt dessen nahm ich den einfachen Weg und traf selbst die Entscheidung, obwohl ich mich nicht auskannte.

Viele Chefs machen den gleichen Fehler, offensichtlich im Glauben, daß sie keine guten Führungskräfte sein können, wenn sie nicht alles wissen – oder zumindest so tun. Wenn Mitarbeiter flüstern, ihr unmittelbarer Vorgesetzter habe »von nichts eine Ahnung – nicht einmal meinen Job könnte er machen«, dann ist es ein Beweis dafür, daß ihr Chef der Meinung ist, er müsse alles selber machen.

Ein Manager muß jedoch nicht über detaillierte Spezialkenntnisse verfügen. Ich bin Präsident einer großen Fluggesellschaft, bin aber weder in der Lage, ein Flugzeug selbst zu fliegen, noch eins zu reparieren – und niemand bei der SAS erwartet das von mir. Heutzutage muß eine Führungskraft andere Qualitäten aufweisen: einen guten Geschäftssinn und ein breites Verständnis dafür, wie die Dinge zusammenpassen – die Zusammenhänge zwischen Einzelpersonen und Gruppen sowohl innerhalb als auch außerhalb der Firma und das Zusammenspiel zwischen den verschiedenen Bestandteilen des Betriebsablaufs.

Benötigt wird strategisches Denken bzw. eine »Hubschraubermentalität« – die Gabe, sich über Details hinwegzusetzen, um einen Überblick zu bekommen. Die Fähigkeit, Veränderungen zu verstehen und zu lenken, ist unabdingbar für die wirksame Führung eines Unternehmens. Heutzutage muß eine Führungspersönlichkeit nicht nur mit Finanzen, Fertigung, Technologie und dergleichen umgehen können, sondern auch mit Menschen. Indem sie klare Ziele und Strategien definiert und die Mitarbeiter anhält, diese Ziele zu verwirklichen, kann eine Arbeitsatmosphäre geschaffen werden, die Flexibilität und Innovationskraft fördert. Damit ist die neue Führungskraft gleichzeitig Zuhörer, Kommunikator und Erzieher, eine emotional offene und inspirierende Person, deren Aufgabe nicht darin besteht, alle Entscheidungen selbst zu treffen, sondern die richtige Atmosphäre zu schaffen.

Intuition und die Gabe, sich in die Situation anderer hineinzuversetzen, sind unerläßliche Eigenschaften eines Managers; leider kann man sie sich nicht über Nacht aneignen.

Die neue Führungsrolle dürfte Frauen viele neue Möglichkeiten im Berufsleben erschließen. Als wir Birgitta Rydbeck als Leiterin der SAS-Flugakademie einstellten, suchten wir einen professionellen *Manager*, und keinen langjährigen Piloten. Wir waren von Birgitta als Diplom-Betriebswirtin überzeugt, sie könne die richtigen Bedingungen für die Pilotenausbildung schaffen. Unsere Wahl erregte viele Gemüter unter den Piloten, die der Ansicht waren, daß ein Spezialist der Luftfahrttechnologie den Posten bekommen sollte. Sie änderten jedoch bald ihre Meinung, denn Birgitta verfügte über eine perfekte Mischung von Führungseigenschaften und erwies sich als fähige Managerin.

In vieler Hinsicht muß eine Führungspersönlichkeit jedoch auch ein aufgeklärter Diktator sein – jemand, der bereit ist, innerhalb einer großen, dezentralisierten Organisation die unternehmerische Vision und Zielsetzung zu verbreiten, aber keine aktive Abweichung der Meinungen von den tragenden Ideen duldet. Sie muß in der Lage sein, eine Vision überzeugend darzustellen, um die Ziele und Strategien allen Mitarbeitern des Unternehmens plausibel zu machen. Wie meine Erfahrung bei Linjeflyg und bei der SAS lehrt, entspricht die Vision des Managements im übrigen oft ohnehin den Vorstellungen der Mitarbeiter.

Manche Mitarbeiter werden Vision und Zielsetzung zunächst vielleicht nicht ganz verstehen. Eine Führungskraft muß der Versuchung widerstehen, solche Mitarbeiter zu entlassen, und statt dessen mit ihnen arbeiten, ihnen zusätzliche Informationen zukommen lassen und aufs neue versuchen, sich ihnen verständlich zu machen.

Es wird natürlich immer solche geben, die sich einfach nicht überzeugen lassen. Von ihnen sollte die Führungskraft Loyalität, wenn kein gefühlsmäßiges Engagement den unternehmerischen Zielen gegenüber erwarten können. Andernfalls sollte er sie bitten, auszuscheiden.

Bei der SAS konnten wir fast jeden Mitarbeiter vom Wert unserer Vision überzeugen. Alle schlossen sich an und bewegten sich voll Elan gemeinsam in eine Richtung, und wir konnten einigen Wind in die Sache bringen, wie unsere Gewinn- und Verlustrechnung zeigte. Wäre jedoch einer von zehn in die

Gegenrichtung gegangen, dann hätte das Unternehmen zu einem entscheidenden Zeitpunkt in seiner Geschichte an Schwungkraft verloren.

Wenn ich also die Notwendigkeit feststellte, die hierarchische Struktur von Dienstleistungsunternehmen abzubauen, ist das keine Forderung nach unternehmerischer Demokratie in ihrer reinsten Form. Sicher muß jeder – Führungskräfte auf mittlerer Ebene, Mitarbeiter an der Kundenfront, Aufsichtsratsmitglieder – Gelegenheit haben, seine Ansichten und Meinungen zu äußern. Es können aber nicht alle an jeder Entscheidung beteiligt sein.

Der Aufsichtsrat ernennt den Präsidenten und die oberste Führungsmannschaft, die gemeinsam eine Unternehmensstrategie entwerfen, vorlegen und verfolgen sollen. Erst wenn eine Führungskraft diese Strategie voll ausgearbeitet und allen anderen vermittelt hat, kann sie Verantwortung delegieren – wie es in einem kundenbestimmten Unternehmen unerläßlich ist. Eine Führungspersönlichkeit ist jemand, der das richtige Umfeld für Geschäfte herstellt.

Im Fußballspiel ist der Trainer eine Führungskraft, deren Aufgabe darin besteht, die richtigen Spieler auszusuchen. Er trägt dafür Sorge, daß eine Mannschaft in der bestmöglichen Verfassung auf das Spielfeld geht. Dort gibt es einen Mannschaftskapitän, der ähnlich einem Manager befugt ist, auf dem Spielfeld Anweisungen zu erteilen und im Verlauf des Spiels eine neue Taktik einzusetzen. Doch am wichtigsten sind die einzelnen Spieler, von denen jeder während des Spiels sein eigener Chef wird.

Man stelle sich vor, ein Fußballspieler rennt auf ein offenes Tor zu und macht dann plötzlich kehrt, rennt zur Trainerbank zurück und bittet den Trainer um die Anweisung, den Ball ins Tor zu schießen. Bis dahin hat er nicht nur den Ball, sondern auch das Spiel verloren.

Will man die Atmosphäre eines Unternehmens verändern, so darf man nicht die absolute Macht von der Spitze der Pyramide her ausüben. Man muß die Leute draußen an der Kundenfront, wo der Service geleistet wird, mit Autorität versehen. Sie sind es nämlich, die Veränderungen im Markt zu spüren können. Indem man ihnen Sicherheit, Autorität und das Recht gibt, ausgehend von den aktuellen Marktbedingungen Entscheidungen zu treffen, kann man sich selbst am besten einen Wettbewerbsvorteil schaffen.

Eine Führungskraft ist also ein Mensch, der mehr auf Ergebnisse als auf Machtausübung oder gesellschaftliche Beziehungen achtet. Wer Macht um ihrer selbst willen sucht, wird unter Umständen persönliche Beziehungen und Resultate opfern, um sie zu erlangen. Wer zu stark sozial orientiert ist, wird möglicherweise Kompromisse anstreben, um Konflikte zu vermeiden, was sich auf lange Sicht negativ auf die Resultate auswirkt. Die Führungskraft aber, die auf Resultate ausgerichtet ist, schreibt nicht vor, welche Maßnahmen zur Erreichung der Resultate anzuwenden sind, und hat es nicht nötig, Siege für sich zu beanspruchen.

Gelegentlich hat die skandinavische Presse »enthüllt«, daß nicht alle Ideen, die zum Erfolg der SAS geführt haben, von mir persönlich stammen. Ich begrüße diese Enthüllungen, weil sie genau das unterstreichen, was ich die ganze Zeit behaupte. Der große Erfolg der SAS besteht in der Förderung der Kreativität unserer Mitarbeiter durch Dezentralisierung. Gute Ideen kommen aus jeder Unternehmensabteilung und werden alle in die gleiche unternehmensweite Vision gelenkt.

Dasselbe gilt für meine Einstellung zu unternehmensfremden Beratern. Es wird oft geflüstert, daß sich in Wirklichkeit ein Unternehmensberater irgendeine Idee ausgedacht habe. Es scheint als Ehrensache zu gelten, daß man ohne fremde Hilfe einer Situation Herr werden muß. Diese Vorstellung habe ich nie wirklich verstehen können. Sie muß der traditionellen Ansicht entstammen, derzufolge der Manager über höhere, unfehlbare Kenntnisse verfügt und stets die ganze Macht bei sich behalten muß.

Meiner Meinung nach ist es nichts anderes als vernünftig und verantwortlich, einen Lotsen an Bord zu bringen, wenn man sein Schiff in unbekannte und gefährliche Wasser steuert!

Für einen Manager, der selbst alle Entscheidungen auf allen Unternehmensebenen treffen will, mag es nicht soviel Prestige mit sich bringen, wenn er einen Berater von außen holt, der dann an einigen dieser Entscheidungen beteiligt ist. Wenn man andererseits das ganze Unternehmen wie hier beschrieben umorganisiert, dann muß man unter Umständen die gesamte Ausrichtung des Unternehmens ändern. Das ist, als würde man versuchen, einen Tanker auf einen neuen Kurs zu bringen, ein Prozeß, der Unmengen Energie und spezielle Fähigkeiten erfordert.

Wenn die Führungskraft nun Verantwortung an Mitarbeiter im ganzen Unternehmen delegiert, dann wäre die Erwartung, jeder einzelne müsse auf jeden einzelnen Aspekt spezialisiert sein, unrealistisch. Die Aufgabe besteht vielmehr darin, nach vollzogener Veränderung langfristig mit der neuen Entwicklung fertigzuwerden. Übertrage ich Verantwortung, so muß ich auch zulassen, daß Mitarbeiter sich die zusätzlichen Ressourcen holen, die sie benötigen – sei es einen Finanzexperten, einen Unternehmensberater oder eine Werbeagentur.

Es spielt keine Rolle, wer die guten Ideen hat. Wichtig ist, daß die Ideen funktionieren und die SAS heute eine starke Organisation ist, die ihren Kunden zufriedenstellend dient.

Kapitel 5
Die Strategie festlegen

Vor einiger Zeit setzte ich mich mit dem Präsidenten einer amerikanischen Fluggesellschaft zusammen, um ein gemeinsames Vorhaben zu besprechen: Uns sollte ein Terminal in einem großen US-Flughafen zur Verfügung gestellt werden, um eine Verbindung unserer jeweiligen Flugnetze und Abfertigungssysteme zu ermöglichen. Wir waren fest entschlossen, es zum Terminal mit dem besten Fluggast-Service im ganzen Land zu machen, und wir waren bereit, 60–70 Millionen Dollar in das Projekt zu investieren. Unsere Kontaktpersonen bei der anderen Fluggesellschaft hatten ähnliche Begeisterung gezeigt, und der Mitarbeiterstab beider Unternehmen hatte viel Zeit aufgewendet, vor unserem Treffen das Terrain vorzubereiten.

Nach fünf Minuten konnte ich bereits sehen, daß mein zukünftiger Geschäftspartner nicht daran interessiert war, in einen besseren Service für seine Fluggäste zu investieren. Er sagte ganz offen, daß ein Terminal kein »toller Palast« sein solle, sondern lediglich ein Bunker. Dann wechselte er schnell das Thema und sprach von den jüngsten Fortschritten der Luftfahrttechnologie. Obwohl ich noch eine halbe Stunde lang zuhörte, wußte ich, daß wir mit einem solchen Unternehmen keine Geschäftsverbindungen eingehen würden.

Kurz darauf besuchte ich Bob Crandall, den Chef von American Airlines, um von ihm zu hören, wie seine Firma den »deregulierten« US-Markt anpacke. Bob erklärte, wie er seine Airline auf dem Markt plaziere; wie sie ein »Nabe-und-Speichen«-System aufgebaut habe; wie die Firma ihr Informations- und Kommunikationssystem ausgebaut habe, um sich einen Marktzugang zu verschaffen; wie er mit den Gewerkschaften zusammenarbeite; und wie er 30 Prozent seiner Zeit damit zubringe, mit seinen Mitarbeitern zu reden.

Nach zwei Stunden fiel mir auf, daß er noch keine Flugzeuge erwähnt hatte. Schließlich brachte ich ihn selbst darauf, indem ich mich danach erkundigte, welche Flugzeuge er zur Zeit anschaffe. Er schaute mich erstaunt an – fast als ob er nicht begriffe, was ich sage. »Flugzeuge?« fragte er. »Wovon redest du denn? Wir kaufen halt das, was wir brauchen, um unser Geschäft zu machen.«

Ich muß wohl kaum hinzufügen, daß die erstgenannte Fluggesellschaft rote Zahlen schreibt, American Airlines aber eine der gewinnträchtigsten Fluggesellschaften im ganzen Land ist. Weshalb der dramatische Unterschied im Glück der beiden Unternehmen? Der erste Airline-Manager war in einer produktorientierten Philosophie festgefahren. Bob Crandall hingegen begriff, daß amerikanische Fluggesellschaften lernen müssen, ihren Kunden einen besseren Service zu bieten, wenn sie unter der neuen Deregulierungspolitik überleben wollen. Danach setzte er eine Geschäftsstrategie fest, um American-Airlines zu einem kundenorientierten Unternehmen zu machen.

Bob Crandall hatte die ersten entscheidenden Schritte unternommen, die viele Führungskräfte unterlassen. Er schätzte das Geschäftsklima ab und stellte die Bedürfnisse seiner Kunden fest. Von diesem Wissen ausgehend, entwarf er eine Unternehmensstrategie, um die Bedürfnisse seiner Kunden unter den vom Markt vorgegebenen Bedingungen zu befriedigen, und richtete sein Unternehmen gezielt darauf aus, diese Strategie in die Tat umzusetzen.

Erstaunlicherweise beginnen viele Manager, Ziele und Strategien auszuarbeiten, um erst nachträglich nach dem Marktklima und den Bedürfnissen des Kunden zu fragen. Das ist häufig die falsche Reihenfolge. Wie kann man wissen, wie die Ziele oder Strategien aussehen sollen, wenn man sich kein klares Bild macht über das eigene Arbeitsumfeld und die Bedürfnisse der Kunden? Wenn ein Unternehmen merkt, daß es andersherum hätte disponieren sollen, ist es oft zu spät.

Angesichts des zunehmenden Wettbewerbs und der zentralen Bedeutung des Kunden muß der erste Schritt die Ausrichtung des Unternehmens an dem Kunden sein. Das bedeutet, sich das Unternehmen genau anzusehen und vom Standpunkt des Kunden aus zu entscheiden, was die eigentliche Sparte des Unternehmens sein soll. Zum Beispiel: Ist die SAS im Luftverkehrsgeschäft? Oder ist ihr Geschäft, Menschen so sicher und effizient wie möglich von einem Ort zum anderen zu befördern? Meines Erachtens trifft eindeutig letzteres zu.

Die Antwort auf diese Frage wird in starkem Maße die Art und Weise beeinflussen, wie man das Unternehmen auf den bestmöglichen Service hin organisiert. Sind Ford und General Motors in der Automobilbranche? Oder besteht ihr Geschäft vielmehr darin, die Mittel zur Verfügung zu stellen, damit Leute sich von einem Ort zum anderen selbst über Land transportieren können? Wenn sie sich entscheiden, daß sie in der Automobilbranche sind, dann sollten sie sich natürlich auf solche Punkte wie Design, Aerodynamik und Benzinverbrauch konzentrieren – d.h. auf das Automobil selbst.

Nehmen wir aber einmal an, daß sie sich als Unternehmen verstehen, das den Service der Überlandbeförderung anbietet.

Sollten sie in diesem Fall nur Automobile verkaufen? Wäre es – vom Standpunkt der Kunden aus gesehen – nicht auch sinnvoll, beispielsweise ein Plastikkärtchen anzubieten, das einem sofort die Verfügung über ein Auto garantiert, wo und wann immer man fahren will? Wenn man ein Taxi ruft, ist es gleichgültig, ob man von einem Ford oder einem Chevrolet abgeholt wird. Schließlich geht es um den Beförderungsservice.

Damit will ich nicht sagen, daß Ford und General Motors sich nicht mehr um die Autoproduktion kümmern sollten. Aber wenn ein Unternehmen sich nach den Kunden richtet, stellt man ihnen wahrscheinlich nicht nur die betreffende »Hardware«, sondern auch den entsprechenden Service zur Verfügung.

Analog hierzu sind Banken nicht mehr nur damit beschäftigt, mit Bargeld zu handeln: Heutzutage besteht ihre Haupttätigkeit darin, den Informationsfluß bezüglich wirtschaftlicher Transaktionen im Griff zu haben.

Hat man sich entschieden, welches Geschäft man betreibt, gilt es, genau festzustellen, wer die eigenen Kunden sind. Das hört sich leicht an, aber für diejenigen, die an der Spitze der Hierarchie sitzen und nicht an der »Frontlinie« im täglichen Umgang mit den Kunden tätig sind, kann es sich als recht schwierig erweisen.

Als ich bei Vingresor war, erkannten wir z.B., daß Senioren eine wichtige Verbraucherzielgruppe in der Touristenbranche darstellten. So arbeiteten wir einen umfassenden Plan aus, um sie für unsere Pauschalangebote zu interessieren.

Wir – d.h. ein Team von Managern von knapp über 30 Jahren – nahmen an, Senioren hätten Angst, im Ausland zu reisen, und würden deshalb gerne in Spezialhotels nur für schwedische Senioren untergebracht. Wir waren überzeugt, sie würden eine Suite im Appartmentstil bevorzugen mit einem Wohnzimmer, in dem sie ihre neugewonnenen Bekannten bewirten können, und einer mit schwedischer Kaffeemaschine und schwedischem Kaffee ausgestatteten Küche. Die Aufenthaltsräume müßten natürlich reich mit schwedischen Brettspielen und Spielkarten bestückt sein.

Wir gingen davon aus, daß die Reiseleiter über eine gewisse medizinische Ausbildung verfügen sollten, und solide, bodenständige Typen – möglichst rotbäckige mütterliche Krankenschwestern – am geeignetsten wären. Ein paar nahegelegene Restaurants würde man beauftragen, für die empfindlichen Mägen unserer Gäste geeignete skandinavische Gerichte zu servieren. In der Annahme, ältere Menschen würden lieber Sehenswürdigkeiten besichtigen, als am Strand in der Sonne zu braten, organisierten wir eine Reihe kurzer Ausflüge mit jeder Menge Erfrischungspausen.

Wir waren recht zufrieden mit unserem neuen Produkt, wollten aber herausfinden, wie die Senioren selbst dazu standen. So luden wir etwa 15 Mitglieder eines Stockholmer Seniorenkreises zu Kaffee und Kuchen ein. Kaum hatten wir uns hingesetzt, da meinte bereits eine ältere Dame: »Ich fand's etwas seltsam, daß Sie Nueva Suecia unten am Strand von St. Augustin aufgegeben haben und statt dessen mit Sack und Pack zum Monto Rojo an der anderen Straßenseite gezogen sind. Wenn wir die Kanarischen Inseln besuchen, wollen wir schließlich direkt am Strand sein und nicht an irgendeinem Swimmingpool am Hotel hocken.«

Gut, dachten wir, diese Dame ist eine außergewöhnlich erfahrene Urlauberin. Sie kann nicht für die ganze Gruppe sprechen. Eine andere Frau fügte sofort hinzu: »Ich verstehe nicht, weshalb Sie Medaro nicht mehr anbieten und Los Christianos und Playa de Las Américas an der Südküste Teneriffas aufgemacht haben. Medaro war doch aufregender, ursprünglicher – das gefällt mir besser.«

Gut, dachten wir, sie ist auch nicht repräsentativ.

Dann erklärte ein älterer Herr: »Wenn ich reisen will, suche ich mir ein günstiges Angebot aus den Zeitungsannoncen – aber nie für länger als eine Woche, sonst wird es langweilig. Sobald ich wieder zu Hause bin, nehme ich die Zeitung und suche die nächste billige Reise, damit ich wieder los kann.«

Inzwischen fragten wir uns, was das wohl für Senioren seien.

Dann hörten wir: »Mexiko – das sollten Sie in Ihr Angebot aufnehmen. Wir waren schon in Sri Lanka und Gambia, aber Mexiko müßte doch *wirklich* interessant sein!«

Und so ging es weiter. Zum Schluß hatte kein einziger Pensionär Interesse an unserem tollen Produkt gezeigt. Wir bedankten uns herzlich bei ihnen und vergaßen sofort alle ihre Empfehlungen. Unbeirrt investierten wir 100 000 Dollar in wunderschöne, großformatige Reiseprospekte mit riesigen Großbuchstaben. Unsere mütterlichen Krankenschwestern warteten derweil vergebens auf die Reisegäste im Rentenalter, die niemals auftauchten.

Das kann geschehen, wenn man an der Spitze der Pyramide steht, und weit entfernt vom Marktgeschehen ein Produkt entwickelt in der Hoffnung, es gefällt dem Kunden. Wären wir unseren Senioren gefolgt – oder unserem erfahrenen Verkaufspersonal und den Reiseleitern, die sie ja kannten –, dann hätten wir sie wahrscheinlich zusammen mit jungen Erwachsenen in einem Hotel mit einem vielfältigen Angebot an aktiver Freizeitgestaltung untergebracht.

Erst nach Feststellung der wirklichen Kundenwünsche kann man anfangen, die unternehmerische Zielsetzung abzustecken und eine entsprechende Strategie zu entwickeln. Ziele müssen sich nach dem Kunden richten, sie sollten Maßstab der Geschäftsstrategie und des Unternehmenserfolgs sein.

Als ich 1981 bei der SAS begann, steckten wir uns das Ziel, die weltbeste Fluggesellschaft für den Geschäftsreisenden zu werden. Damals hatte die SAS gerade vier Airbusse geliefert bekommen – große, mit einem geräumigen, hellen Innenraum ausgestattete Mittelstreckenmaschinen auf dem neuesten Stand der Technik. Diese vier Flugzeuge alleine hatten 120 Millionen Dollar gekostet, weitere acht waren bereits bestellt.

Eine solche Anschaffung war für eine große Fluggesellschaft nichts Außergewöhnliches. Seit Beginn der zivilen Luftfahrt hatte die SAS sowie alle anderen internationalen Fluggesellschaften regelmäßig ältere Maschinen gegen neuere, technologisch fortschrittlichere Modelle ausgetauscht, um eine kostengünstigere Fluggastbeförderung zu ermöglichen. Für Airline-Manager war es ein Glaubensbekenntnis, daß man sofort neue Maschinen kaufen sollte, sobald sie auf den Markt kamen.

Beim Airbus waren die Betriebskosten pro Passagiermeile um 6 Prozent niedriger als bei unserem meistbenutzten Flugzeug, der DC-9. Allerdings waren die Airbusse auch größer als die DC-9 (240 gegenüber 110 Sitzplätzen), so daß Einsparungen nur mit voller Auslastung der Airbusse erzielt werden konnten. Die SAS stellte erst nach der Anschaffung fest, daß ihre Fluggastzahlen zu niedrig waren.

Die neuen Maschinen hatten wir aufgrund von Prognosen angeschafft, nach denen unsere Passagierzahlen jährlich statt um 7, um 9 Prozent zunähmen und die Frachtbeförderung ebenfalls rasch ansteigen würde. Doch durch die Ölkrise stagnierte der Markt. Für die SAS war es nur wirtschaftlich, von Stockholm aus die wichtigsten europäischen Städte mit dem Airbus anzufliegen, wenn die Maschinen in Kopenhagen voll wurden. Sie waren zu groß für Nonstop-Flüge von anderen skandinavischen Städten aus nach Westeuropa – ein Service, den unsere Kunden jedoch verlangten.

Die laufende Anschaffung neuer Flugzeuge erschien sinnvoll, wenn man von einer stetigen Steigerung des Passagieraufkommens ausging – und in der Tat hatte die SAS mit dieser Politik 17 Jahre lang einen Gewinn verzeichnen können. Ein solches Denken konnte sich das Unternehmen jedoch jetzt nach der Abflauung des Marktes nicht mehr leisten. Wir mußten uns nun nach unseren Kunden, den Geschäftsreisenden, richten. Und aus deren Sicht ergab sich ein völlig anderes Bild.

Ein wirtschaftlicher Einsatz des Airbusses war nur dann möglich, wenn wir gerade den Kunden, die wir gewinnen wollten, einen schlechten Service boten. Wie hätten denn Geschäftsleute aus Stockholm und anderen Teilen Skandinaviens am liebsten ihre Reisen organisiert? Würden sie auch dann gerne in unseren neuen, geräumigen Airbussen fliegen, wenn sie eine geringere Auswahl an Flügen und eine Zwischenlandung in Kopenhagen in Kauf nehmen mußten? Oder würden sie häufigere Nonstopflüge von Stockholm, Oslo und anderen skandinavischen Städten in die wichtigsten Städte Europas mit normalen DC-9-Maschinen bevorzugen?

Für mich war die Antwort auf diese Frage offensichtlich. »Mottet die Airbusse ein«, sagte ich, »benutzt statt dessen die DC-9.«

Viele bei der SAS waren entsetzt: Es war, als hätte eine Firma eine nagelneue Fabrik gebaut, und der Firmenchef würde sie am Tag der Eröffnungsfeier wieder dichtmachen. Es war jedoch die sinnvollste Entscheidung. Airbusse sind mit Sicherheit hervorragende Flugzeuge, die wir sogar für Charterflugreisen verpachten; um aber auf dem kleinen Markt der skandinavischen Geschäftsreisenden wettbewerbsfähig zu bleiben, mußten wir häufige Nonstopflüge anbieten. Und das war mit dem Airbus nicht möglich.

Diese Airbus-Geschichte illustriert den Unterschied zwischen einer produktorientierten Unternehmensphilosophie und einer, die sich am Kunden ausrichtet. Das klassische produktorientierte Unternehmen produziert oder investiert – hier durch den Kauf eines Flugzeuges – und paßt seine Betriebsabläufe der Ausrüstung an.

In der Anfangszeit des Luftverkehrs war diese Orientierung auch völlig plausibel. Fliegen war noch ein Ereignis, für das man einiges an Unannehmlichkeiten in Kauf nahm; Flugreisende waren nicht so sehr an gutem Service interessiert, als vielmehr auf der Suche nach einem neuen Erlebnis. Und es war wichtig, daß Fluggesellschaften mit der Entwicklung von neuen Flugzeugen Schritt hielten, denn jedes neue Modell stellte einen Gewinn an Produktivität dar. Zu dieser Zeit entstand das »Flag-Carrier«-Konzept: Fluggesellschaften aus jedem Land flogen so viele Zielorte an wie nur möglich, damit sie dort sozusagen ihre Landesfahne aufstellen konnten – selbst wenn es sich nur um einen einzigen Flug in der Woche handelte.

Wollte z.B. ein skandinavischer Geschäftsmann 1960 mit der SAS nach Chicago oder Rio fliegen, so plante er seine Reise unter Berücksichtigung unserer verfügbaren Flüge. Ein treuer SAS-Kunde war gerne bereit, sich nach unseren Flugplänen zu richten. Die anderen Transportmöglichkeiten dauerten viel länger, und in der Wahl der Fluggesellschaft spielte auch der Nationalstolz eine gewisse Rolle.

Heute ist es umgekehrt. Wenn ein Geschäftsreisender eine Reise plant, macht er seine Termine fest und bucht dann einen Flug mit der Airline, die seinem Zeitplan am meisten entgegenkommt. Bietet die SAS einen für ihn zeitlich günstigen Flug an, dann kauft er von uns ein Ticket, sonst nicht. Deshalb konzentriert sich die SAS heute auf solche Ziele, die von Passagieren so gefragt sind, daß häufige Flüge möglich sind – und deshalb können wir keine Großraumflugzeuge wie den Airbus oder sogar die 747 einsetzen, wenn wir es nicht schaffen, sie täglich auszulasten. Unsere neue kundenorientierte Perspektive setzt am Markt und nicht am Produkt an. Wir passen dann die Produktionsmittel an, um ein Produkt zu schaffen, das möglichst genau den Bedürfnissen unserer Kunden entspricht.

Aus dem gleichen Grund, weshalb wir die Airbusse einmotteten, tauschten wir unsere DC-9-Flotte nicht aus, als eine neue Flugzeuggeneration auf den Markt kam. Wir hatten alle möglichen Kalkulationen angestellt, aber es gab kein neues Flugzeug, das für unsere Geschäftsreisenden besser geeignet und somit für die SAS rentabler gewesen wäre als die DC-9. Dennoch war unsere Entscheidung so unkonventionell, daß ich mich etwas unsicher fühlte. Zu Besuch bei einer anderen Fluggesellschaft fragte ich einmal die oberste Geschäftsleitung ganz direkt: »Wie treffen Sie denn die Entscheidung, neue Flugzeuge anzuschaffen? Ist es wirklich rentabler, neue Maschinen zu kaufen, als diejenigen weiterzuverwenden, die man bereits hat? Oder kann man dadurch einen besseren Service anbieten?«

Durch meine Frage etwas verwirrt, antworteten sie: »Eine solche Analyse haben wir nie durchgeführt. Es ist ganz klar, daß wir neue Flugzeuge anschaffen. So haben wir es immer gemacht.«

Als wir uns entschieden hatten, vorerst keine neuen Maschinen anzuschaffen, blieb noch viel Zeit, bis wir unsere Flotte erneuern mußten. Als wir dann die verfügbaren Flugzeuge näher untersuchten, stellten wir fest, daß trotz einiger bemerkenswerter technischer Fortschritte erstaunlich wenig im Bereich der Passagierkabine erreicht worden war. Wir hatten jedoch die Zeit, ein neues Flugzeug zu entwickeln, das für uns und unsere Kunden genau richtig war.

Obwohl noch in den siebziger Jahren die wirtschaftliche Lebensdauer eines Flugzeugs viel kürzer war als dessen technische Lebensdauer (d.h. es rentierte sich eher, Flugzeuge lange vor ihrem völligen Verschleiß zu ersetzen), ist es in den achtziger Jahren mittlerweile umgekehrt: Die wirtschaftliche Lebensdauer eines Flugzeuges ist länger als die technische Lebensdauer, und so gibt es selten wirtschaftliche Gründe, Flugzeuge zu ersetzen.

Die Reaktionen der Kunden auf die neuen Flugzeuge der frühen achtziger Jahre schien die Richtigkeit unserer Entscheidung zu bestätigen. Kürzlich führte die Lufthansa eine Flotte neuer Boeing 737 ein. Diese Flugzeuge mögen den größten technischen Fortschritt darstellen, aber für den Kunden gab es nur eine auffallende Veränderung: statt Sitzreihen mit drei Sitzplätzen auf der einen Gangseite und zwei Sitzplätzen auf der anderen wie bei der DC-9 gab es nun drei Sitzplätze auf jeder Seite. Mit anderen Worten, es gab mehr *Mittelplätze*.

Wann wünscht sich je ein Fluggast bei der Abfertigung einen Mittelplatz? Warum legte die Lufthansa dafür 600 Millionen Dollar an? Offensichtlich betrachtet sie den Kauf von Flugzeugen nur unter einem produktionstechnischen Gesichtspunkt. Von allen neuen Flugzeugen auf dem Markt war die 737 zweifellos die beste Wahl. Die Anschaffung von neuen Flugzeugen stellt jedoch nicht automatisch eine gute Geschäftsstrategie dar.

Da unsere DC-9 noch einige Jahre in Betrieb sein würden, hatten wir genügend Zeit, ein Flugzeug zu entwerfen, das wirklich Neues in Bezug auf Passagierkomfort bot – was uns einen Wettbewerbsvorteil gegenüber anderen Fluggesellschaften verschaffen würde. Natürlich wollten wir auch die bestmögliche technische Ausstattung, aber uns interessierte am meisten, ein Flugzeug zu entwickeln, das unsere Kunden zufriedenstellt – wir nannten es das »Passenger-Pleasing Plane« oder kurz:

»Three-P Plane«. Die Geschäftsführung war der Meinung, man müsse ein Flugzeug bauen, das zum ersten Mal seit der DC-3 echte Fortschritte in der Passagierkabine biete wie z.B. mehr Platz für Handgepäck, breitere Gänge und Türen zwecks größerer Bewegungsfreiheit im Flugzeug und während des Aussteigens, keine Mittelplätze, einen niedrigeren Geräuschpegel.

Der SAS-Aufsichtsrat war damit einverstanden, und zu dritt – Vorsitzender Curt Nicolin, Vizepräsident Frede Ahlgreen Eriksen und ich – machten wir die Runde bei den Flugzeugherstellern, um die Sache zu diskutieren. Bald erfuhren wir, weshalb es das »Three-P Plane« noch nicht gab. Wie jedes andere Unternehmen mußten auch Flugzeughersteller ihre Kunden zufriedenstellen – die Fluggesellschaften. Und die Manager der Fluggesellschaften waren fixiert auf technische Innovationen. Sie hatten kaum einen Gedanken dafür übrig, den Flug für den Passagier bequemer zu gestalten.

Unter anderem besuchten wir auch das Boeing-Werk in Seattle, wo wir uns mit dem gesamten Führungsstab zusammensetzten. Dessen Mitarbeiter hatten eine flotte Präsentation vorbereitet und warteten sogar mit Farbfotos von neuen, bereits mit dem SAS-Abzeichen geschmückten Flugzeugen auf. Wir hörten höflich zu und teilten Boeing dann mit, daß wir an ihren jetzigen Flugzeugen nicht interessiert seien. Wir suchten etwas anderes. Wir wollten ein Flugzeug, das sich endlich einmal den Bedürfnissen der Fluggäste anpaßt. Schließlich sind es die Fluggäste, die bezahlen.

Sie hörten zu, aber ich vermute, sie nahmen uns nicht ernst. Gegen Ende fragten sie uns, was wir »wirklich« meinten. Daraufhin skizzierte Curt Nicolin, von Haus aus Ingenieur, auf einer Papierserviette ein traditionelles Flugzeug. Er zeichnete den Querschnitt des ovalen Rumpfes. Der Boden der Kabine liegt an der breitesten Stelle des Ovals – d.h. in der Mitte. Das bedeutet aber, daß nur 50 Prozent des zur Verfügung stehenden Raums für Passagiere verwendet wird.

»Dreht das Oval auf die Seite«, sagte Nicolin. »Dann setzt den Boden ganz unten statt auf halbe Höhe. Auf diese Weise könnte ihr 80 Prozent des Raumes für Passagiere nützen.«

»Interessant«, antworteten unsere Gastgeber höflich, sprachen von Luftwiderstand und zählten die technischen Gründe auf, weshalb unser Vorschlag undurchführbar sei.

Doch wenige Wochen später rief der Chef von Boeing an und sagte, daß er sich unbedingt mit mir in Paris während der zweijährlich stattfindenden Luftfahrtmesse treffen müsse. Als ich ihn sah, zog er munter einen Stoß Zeichnungen aus seiner Aktentasche. Nach unserem Besuch in Seattle, erklärte er, hätten die Boeing-Manager ihren Konstrukteuren von unseren vagen und etwas naiven Vorstellungen bezüglich des Baus eines neuen Flugzeuges berichtet. Die Konstrukteure öffneten sofort ihre Schubladen und brachten eine Skizze nach der anderen zum Vorschein, alle mit hochinteressanten Ideen zur Verbesserung des Passagierraums.

»Warum haben Sie uns diese Sachen nie gezeigt?« fragten die Manager.

»Niemand hat uns danach gefragt«, antworteten die Konstrukteure. Ihre Ideen hatten sie sogar außerhalb der Arbeitszeit und mehr oder weniger heimlich aufgezeichnet, da auch sie der Meinung waren, daß man die Entwicklung einer bequemeren Kabine vernachlässigt hatte.

1985 einigten wir uns mit Boeing über ein gemeinsames Projekt zur Entwicklung neuer, passagierorientierter Flugzeuge für die späten neunziger Jahre. Inzwischen ist das »Three-P-Plane«-Konzept ein Begriff innerhalb der gesamten Luftfahrtbranche und wird unweigerlich die nächste Flugzeuggeneration mitprägen, die kurz vor der Jahrhundertwende auf den Markt kommen wird. Wir hatten gehofft, daß Boeing das Projekt, von ihnen 737 getauft, bis zum jetzigen Zeitpunkt bereits gestartet hätten. Doch angesichts ihrer laufenden Verpflichtungen zögerten sie offensichtlich, den großen Sprung so früh zu wagen.

Diese Geschichte zeigt noch einmal den Unterschied zwischen einem kundenorientierten und einem produktorientierten Ansatz. Bisher ging es in den Gesprächen zwischen Flugzeugherstellern und -konstrukteuren vornehmlich um die neueste Technologie. Jede Veränderung im Design war darauf ausgerichtet, möglichst niedrige Betriebskosten pro Sitzplatz und Meile zu erzielen. Niemand hatte je daran gedacht, daß eine Formveränderung möglicherweise die Erträge steigern könnte, auch wenn die Kosten pro Flugzeug absolut gesehen nicht die niedrigsten waren.

Damit will ich nicht sagen, daß der Führungsstab von Boeing halsstarrig gewesen wäre. Sie hatten ihr Bestes getan, um ihre Kunden zufriedenzustellen. Noch hatten diese Kunden – die Airline-Manager – ihre Arbeit schlecht gemacht. Sie hatten sie an einen Markt gewöhnt, der rapides Wachstum und begrenzten Wettbewerb aufwies. Doch heute hat die Situation sich verändert, und wir müssen in neue Richtungen denken.

Als ich mehr über die SAS erfuhr, staunte ich darüber, wieviele Verfahren und Arbeitsweisen auf das Fluggerät oder die Mitarbeiter zugeschnitten waren, selbst wenn dies für die Passagiere nachteilig war. Ebenso erstaunlich war die Leichtigkeit, diese Abläufe zu erkennen – und zu korrigieren –, indem man sie vom Blickwinkel unseres Zielkunden, des häufig reisenden Geschäftsmannes, aus betrachtete.

Einmal kam ich früh morgens aus New York am Kopenhagener Flughafen an und mußte umsteigen, um nach Stockholm weiterzufliegen. Ich hatte viel Handgepäck und war müde vom

Nachtflug. Im Terminal angekommen, suchte ich die Halle, von der aus ich zu meinem Gate gelangen konnte. Es waren Flüge nach Los Angeles, Chicago und Rio angezeigt, nach Stockholm aber konnte ich keinen entdecken.

So erkundigte ich mich bei einem SAS-Mitarbeiter, wo ich das Gate für den Flug nach Stockholm finden konnte. Er sagte, es sei in der Flugsteig A – fast einen Kilometer entfernt.

»Warum ist es denn nicht an diesem Flugsteig?« fragte ich. »Wir fliegen doch alle weiter nach Stockholm.«

Er musterte mich mit einem gewissen Überlegenheitsgefühl und erwiderte: »Hier docken nur Großraumflugzeuge an.«

»Ach so«, sagte ich, »Sie meinen, hier gibt es viele Fluggäste, die von der Maschine aus New York sofort in die Maschine nach Chicago umsteigen? Sind deshalb die ganzen Großraumflugzeuge nebeneinander aufgereiht?«

»Nein, nein«, antwortete er. »Sie sind hier, weil sie alle in der Flugzeughalle dort drüben gewartet werden.«

»Aber warum ist mein Flugzeug am anderen Ende des Flughafens?« fragte ich.

»Nun weil es am Vormittag auf dänischen Inlandsstrecken geflogen ist, und Flugsteig A liegt dem Terminal für Inlandsflüge am nächsten.«

Ich versuchte, ihm zu erklären, daß ich jetzt hier sei und nicht im Flugsteig A, und das es schön wäre, wenn sich mein Flugzeug ebenfalls hier befände.

Das Problem bestand also darin, daß die Flugzeuge an dem Ausgang aufgestellt wurden, der für die Flugzeuge selbst am bequemsten war! Das Bodenpersonal wählte den Ausgang, der der Flugzeughalle oder dem Ausgang, an dem das Flugzeug angekommen war, am nächsten lag.

Ich habe Geschäftsreisende oft fluchen hören, weil sie im Kopenhagener Flughafen von einem Flugsteig zum andern rasen mußten, aber ich habe nie gehört, daß ein Flugzeug sich beschwert hätte, weil man es zu einem Ausgang ein paar hundert Meter weiter geschleppt hat. Heute werden in Kopenhagen mehr Flugzeuge von einem Flugsteig zum anderen geschleppt. Während früher zwei Drittel unserer Transit-Fluggäste in Kopenhagen den Flugsteig wechseln mußten, sind es heute nur noch ein Drittel. Unsere Passagiere sind nicht nur weniger abgehetzt, sondern wir haben auch die Zahl der Verspätungen reduziert, die durch Warten auf Fluggäste entstanden, die ein paar Minuten länger brauchten, weil sie von einem Flugsteig zum anderen eilen mußten.

Ein weiteres Beispiel dafür, wie wir die Präferenzen unserer Kunden als Richtlinie für unsere Entscheidungen benutzten, war die Einrichtung einer Nonstop-Route von Stockholm nach New York, obwohl wir dafür unsere eindrucksvollste Maschine nicht einsetzen konnten.

Seit Jahren hatte die SAS New York auf zwei verschiedenen Routen angeflogen: einmal von Stockholm über Oslo mit einer Boeing 747 und einmal nonstop von Kopenhagen aus. Als wir das Unternehmen neu nach den Bedürfnissen des Geschäftsreisenden – der mehr auf die Bequemlichkeit als auf den Preis achtet – ausrichteten, fügten wir einen Nonstopflug von Stockholm nach New York mit der DC-10 hinzu.

Wir wollten es zunächst einmal mit zwei Flügen pro Woche versuchen, obwohl eine solche Route auf dem Papier unrentabel erschien. Innerhalb von zwei Monaten war die Stockholm-New York-Nonstoproute zur rentabelsten in unserem gesamten Langstreckenflugnetz geworden. Wir beschlossen, den Grund dafür herauszufinden.

Es stellte sich heraus, daß an den Tagen, an denen Reisende von Stockholm nach New York in Kopenhagen hätten umsteigen oder in Oslo zwischenlanden müssen, sie eine andere Airlinie benutzten. Sie flogen von Stockholm nach London oder Amsterdam und stiegen dort um – besonders, wenn ihr Ziel in den Vereinigten Staaten nicht New York war und sie vom europäischen Kontinent aus einen Direktflug dorthin bekommen konnten.

An den Tagen aber, an denen die SAS mit der kleineren DC-10 nonstop von Stockholm nach New York flog, wurde kein einziger skandinavischer Geschäftsreisender der SAS untreu.

Ein wichtiger Punkt bei der Entwicklung einer Unternehmensstrategie ist die Entscheidung, auch einmal »nein« zu guten Ideen zu sagen, die nicht ins Konzept passen. Ich weiß noch, wie ich einmal den verstorbenen Simon Spies, einen alten Weisen der skandinavischen Pauschalreisenbranche, fragte, weshalb er keine attraktiven Urlaubsrabatte oder keinen Spezialservice für Kinder anbot.

»Es ist ja nichts auszusetzen an solchen Sachen wie Kinderclubs«, sagte er. »Nur haben wir uns bei diesem Unternehmen entschieden, Urlaubsreisen für Erwachsene zu kaufen – gute, einfache Pauschalpakete für Alleinstehende oder Paare. Kinderclubs passen einfach nicht in unsere Strategie.«

Mit erhobenem Zeigefinder fuhr er fort: »Um gute Geschäfte zu machen, mußt du schlechten widerstehen. Mir ist es egal, wieviele Familien mit Kindern uns durch die Lappen gehen, solange wir beschlossen haben, mit einer anderen Kundengruppe Geschäfte machen zu wollen, und bereit sind, uns auf diesem Gebiet besonders einzusetzen.«

SAS bekommt hundert geschäftliche Angebote und Vorschläge pro Monat, wovon viele sehr günstig sind. Doch stimmt nur ein Bruchteil mit unserem Ziel überein, dem Geschäftsreisenden, der häufig unterwegs ist, den bestmöglichen Service zu bieten. Bei den anderen würden wir unsere Energie verzetteln, nachdem wir uns so angestrengt haben, sie auf unser Ziel zu konzentrieren.

Zum Beispiel heißt es, daß jede Fluggesellschaft, die etwas auf sich hält, auf dem jährlichen Kongreß der Touristikbranche in San Diego vertreten sein sollte. In einem Jahr beantragten 20 SAS-Mitarbeiter den Besuch aus reiner Gewohnheit, aber wir lehnten ab. Warum sollten wir an einem Kongreß der Touristikbranche interessiert sein? Es paßte nicht zu unserer auf Geschäftsreisende abzielenden Strategie.

Ein anderes Mal bekamen wir die Erlaubnis, auf unserer Skandinavien-Tokyo-Strecke über Sibirien zu fliegen. Wir waren hocherfreut, weil die Flugzeit auf diese Weise um fünf Stunden verkürzt werden konnte. Dadurch hofften wir, mehr Geschäftsreisende anzulocken.

Dann machte jemand den Vorschlag, daß man beim Rückflug die längere Strecke mit Unterbrechung in Anchorage fliegen sollte. Dafür sprach, daß die Maschine am frühen Morgen in Skandinavien ankommen konnte. So könnten die japanischen Touristengruppen ihren ersten Tag gleich mit der Besichtigung von Sehenswürdigkeiten beginnen und die Hotelkosten für die Nacht vorher einsparen.

Das war in der Tat eine sehr gute Idee, mit einer Einschränkung: sie hatte nichts zu tun mit unserer Strategie, Geschäftsreisende anzupeilen. Im Gegenteil, sie schadete ihr. Geschäftsleute wollen nicht unnötige fünf Stunden im Flugzeug verbringen und müde und zerknittert ankommen, um kurz darauf zu einer Geschäftssitzung rasen zu müssen. Sie würden viel lieber die kürzeste Route fliegen, abends ankommen und eine Nacht im Hotel bezahlen.

Im Gegensatz zu einem produktorientierten Unternehmen, in dem Entscheidungen sich auf Überlegungen gründen, die mit dem Produkt bzw. der Technologie zusammenhängen, setzt das kundenorientierte Unternehmen am Markt an und läßt *ihn* jede Entscheidung, jede Investition, jede Veränderung steuern.

Hätten wir beschlossen, »Airline des Touristen« zu werden, dann hätten wir nie die Airbusse eingemottet und unsere DC-9 behalten oder den Direktdienst mit DC-10 von Stockholm nach New York angeboten oder die Idee eines Stopovers in Anchorage ausgeschlossen. Statt dessen hätten wir neue und größere Flugzeuge gekauft, weniger Abflüge vorgesehen und mehr japanische Touristen angelockt. All dies hätte uns weniger Kosten pro Passagiermeile verursacht und uns deshalb eine Tarifsenkung ermöglicht. Touristen sind gerne bereit, ein paar Tage zu warten, wenn der Preis niedrig genug ist. Wir hatten jedoch Geschäftsreisende als Kunden avisiert, und sie zahlten lieber, als Unannehmlichkeiten auf sich zu nehmen. Da wir sie als Zielgruppe ausgesucht hatten, konnten wir uns klar auf die gewählte Strategie einstellen, indem wir ihnen das boten, was sie wollten.

Unsere Konzentration auf den Markt der Geschäftsreisenden bedeutet nicht, daß wir den Touristenmarkt vergessen oder außer acht gelassen haben. Genau das Gegenteil ist sogar der Fall. Hier tritt ein wichtiges Paradox auf: Je mehr wir für Geschäftsreisende tun, desto leichter wird es, niedrige Tarife für Touristen anzubieten.

Je mehr »vollzahlende« Geschäftsreisende wir haben, desto höher liegen unsere Einnahmen pro Flug. Es ist jedoch unvermeidlich, daß manche Sitze leer bleiben auf Flügen, die aufgrund des Wochentags oder der Abflugzeit für Geschäftsreisende nicht attraktiv sind. Da wir normalerweise über einen ziemlich hohen Anteil von »Vollzahlern« verfügen und die Flugkosten durch diese vollen Tarife bereits gedeckt sind, können wir die übrigen Plätze zu Niedrigpreisen anbieten. Indem wir mit einem beträchtlichen Rabatt Plätze verkaufen, die sonst leer geblieben wären, liegen unsere Einnahmen pro Flug noch höher. Dadurch steigt unser Gesamtertrag, und wir können den zusätzlichen Gewinn an die Geschäftsreisenden weitergeben in Form von niedrigeren Tarifen auch für sie.

Genau das haben wir getan. Die SAS hat heute die niedrigsten Touristen-Klasse-Tarife in ganz Europa. Und das kommt letztendlich auch wieder unserem Primärmarkt, den Geschäftsreisenden, zugute.

Kapitel 6
Die Pyramide abflachen

Vor ein paar Jahren wurde Werner Tarnowski zum Leiter der SAS-Niederlassung in Stuttgart ernannt. Da die von ihm übernommene Organisation eine völlig veraltete Struktur hatte, steckte er drei große Ziele: (1) die Kosten zu senken, ohne die Qualität des Service zu opfern, (2) die Effizienz der Mitarbeiter zu erhöhen, und (3) der Organisationsstruktur eine größere Flexibilität zu verleihen.

Die Stuttgarter Niederlassung hatte zwei Dienststellen: ein Verkaufsbüro in der Stadt, wo Werner Tarnowski und andere Verkaufsmitarbeiter tätig waren, und eine Stelle am Flughafen, wo das Flugabfertigungspersonal seinen Dienst versah.

Das Stadtbüro diente keinem besonderen Zweck, außer ein Treffpunkt für Skandinavier zu sein, die in nahegelegenen Hotels wohnten. Die dortige Verkaufsabteilung konnte keine Anrufe von Kunden oder Reiseagenturen bearbeiten.

Die Arbeitsbelastung für die Mitarbeiter am Flughafen hingegen war ungleichmäßig verteilt. Die SAS hatte nur einen täglichen Hin- und Rückflug für Passagiere, einen Flug zwischen Stuttgart und Kopenhagen. Die Maschine landete abends und flog morgens wieder ab. Außerdem landete morgens eine SAS-Frachtmaschine. Insbesondere die für die

Fracht zuständigen Mitarbeiter waren oft über längere Zeitspannen unausgelastet.

So beschloß Werner, alle Mitarbeiter und Dienstleistungen zur Dienststelle am Flughafen zu verlegen und das Stadtbüro zu schließen. Gleichzeitig ließ er die Mitarbeiter in der Passagierabfertigung am Flughafen und das Verkaufspersonal des Stadtbüros gegenseitig in ihren jeweiligen Aufgaben schulen. Dieses wechselseitige Trainingsprogramm, das den Mitarbeitern neue Arbeitsabläufe zeigen sollte, erweiterte auch die Kenntniss der einzelnen Mitarbeiter über den gesamten Betrieb.

Heute sind eine Vielzahl der Arbeitsabläufe bei der SAS in Stuttgart integriert. Das Verkaufspersonal ist verantwortlich sowohl für den Fracht- als auch für den Passagierbereich. Und bei Arbeiten wie ans Telefon gehen, Tickets verkaufen, Fluggäste abfertigen, Kundenprobleme lösen oder Sicherheitschecks vornehmen, packt jeder mit an.

Aufgrund der von Werner Tarnowski vorgenommenen Veränderungen verursacht die Stuttgarter Niederlassung der SAS weniger Kosten, weil es nur eine Dienststelle gibt und die Zeit der Mitarbeiter besser genutzt wird. Und, am allerwichtigsten, der Service wurde nicht beschnitten. Im Gegenteil, er ist wahrscheinlich besser geworden, weil die Organisation flexibler ist. Jetzt, wo jeder die Arbeit des anderen kennt, ist immer jemand da, der mit dem momentanen Problem fertig wird. Und für viele Mitarbeiter macht die Arbeit mehr Spaß und stellt eine größere Herausforderung dar.

Die Geschichte der Stuttgarter Niederlassung zeigt, daß es möglich ist, die »Pyramide« der traditionellen Organisationsstruktur abzuflachen. Jede Geschäftsunternehmung, die bewußt eine Kundenbezogenheit herstellen und während der »Augenblicke der Wahrheit« einen guten Eindruck hinterlassen will, muß die hierarchischen Stufen der Verantwortung abbauen, um schnell und direkt auf die Bedürfnisse der Kunden eingehen zu können. Das kundenorientierte Unternehmen ist auf Veränderung ausgerichtet.

Damit wird das »Management« von der Chefetage auf die Ebene der Betriebsabläufe verlagert, auf der dann jeder einzelne »Manager« seiner Situation ist. Wenn Probleme auftauchen, ist jeder Mitarbeiter befugt, die Situation zu analysieren, geeignete Maßnahmen zu beschließen und für ihre Durchführung zu sorgen, entweder allein oder mit Hilfe anderer.

Es mag als Wortspiel erscheinen, jeden als »Manager« zu bezeichnen, doch verwende ich bewußt diesen Begriff, um meine Mitarbeiter – vielleicht am allermeisten die auf den oberen Stufen der alten Pyramidenstruktur – daran zu erinnern, daß ihre Rolle sich grundlegend geändert hat. Die Chefs, die früher die Aufgabe des Managers erfüllten, müssen sich heute in die Rolle der Führungspersönlichkeit hineinfinden, und die Mitarbeiter draußen an der Kundenfront müssen lernen, für sämtliche mit dem Betriebsablauf zusammenhängende Entscheidungen verantwortlich zu zeichnen. Sie können am meisten beeinflussen, wie das Unternehmen während jener »Augenblicke der Wahrheit« vom Kunden wahrgenommen wird.

Betrachten Sie z.B. das folgende »Vorher-Nachher«-Szenario, in dem gezeigt wird, wie eine Abflachung der Pyramide es den Mitarbeitern einer Fluggesellschaft ermöglichen könnte, besser auf die Bedürfnisse der Fluggäste einzugehen.

Nehmen wir an, Sie hätten für Ihren SAS-Flug von Stockholm nach New York ein spezielles vegetarisches Essen vorbestellt. Etwas nervös gehen Sie auf den Abfertigungsschalter zu, um sich danach zu erkundigen, ob das Essen auch wirklich ins Flugzeug gebracht wurde.

»Ich kann's Ihnen nicht sagen«, seufzt die Schalterangestellte.

»Es tut mir leid, aber ich habe viel zu tun und ich kenne mich im Speise-Service nicht aus.«

»Wohin kann ich mich wenden?« fragen Sie.

»Sie müssen direkt am Gate fragen«, antwortet sie. »Dort kann man Ihnen bestimmt weiterhelfen.«

Die Angestellte wendet sich rasch dem nächsten in der Schlange zu, und da Ihnen nichts anderes übrigbleibt, begeben Sie sich zum Gate und fragen aufs neue.

Der Angestellte am Gate ist zwar freundlich, weiß aber auch nicht, ob Ihr Essen angekommen ist. »Ich würde Ihnen gerne helfen, aber ich habe mit dem Speise-Service nichts zu tun. Fragen Sie doch bei der Flugbegleiterin nach, wenn Sie an Bord gehen; ich bin sicher, Sie kommen zu Ihrem Essen.«

Beunruhigt gehen Sie an Bord der Maschine. Als Sie die Stewardeß nach Ihrem vegetarischen Essen fragen, ist sie verwirrt. Sie weiß nichts von besonderen Essensbestellungen. Die Maschine steht zum Starten bereit, jetzt kann man nichts mehr unternehmen. »Sie hätten sich früher mit uns in Verbindung setzen sollen«, rügt sie. »Wären wir rechtzeitig informiert worden, hätte es keine Probleme gegeben.«

In dieser Situation sind aufgrund der hierarchischen Organisationsstruktur drei »Augenblicke der Wahrheit« verschüttgegangen. Keiner der Mitarbeiter, mit denen der Fluggast in Berührung kam, war für dieses spezielle Problem zuständig, und keiner wagte, zu seiner Lösung aus einer gewohnten Rolle herauszutreten.

Nehmen wir an, die Organisation bekäme eine neue Struktur: die Pyramide wird abgeflacht und ein Mitarbeiterteam trägt von Anfang bis Ende die Verantwortung für die Abwicklung des Flugs von Stockholm nach New York.

Das Team besteht aus 15 Mitgliedern, von denen zwei als »Coaches« oder Trainer fungieren, einer drinnen und einer draußen am Flugzeug. Der »Coach« für drinnen nimmt an der Flugvorbesprechung des Flugpersonals teil und spricht sich mit den Besatzungsmitgliedern darüber ab, wann das An-Bord-Gehen beginnen kann, ob Säuglinge oder behinderte Fluggäste in der Passagierliste aufgeführt sind und ob irgendwelche besonderen Essensbestellungen vorliegen.

Am Morgen versammelt sich das für den Ablauf innerhalb des Flughafens zuständige Team an den Abfertigungsschaltern, um Probleme der Kunden mit ihren Tickets zu lösen, Sitzplätze zu vergeben, zerbrechliches Gepäck entgegenzunehmen und so fort. Mütter mit Säuglingen werden mit einem Lächeln begrüßt und darüber informiert, daß für das Baby ein Liegekorb bereits an Bord gestellt worden ist und daß der Sitzplatz neben ihrem wenn irgend möglich freigehalten wird.

Wenn Sie an der Reihe sind und sich nach Ihrem vegetarischen Mahl erkundigen, werden Sie nicht vom Schalterbeamten voreilig abgewiesen. Aufgrund der neuen Teamorganisation wird Ihr Essenswunsch zur Aufgabe dieses Schalterbeamten. Er oder sie kann sagen, ob sich das Essen bereits an Bord befindet – und gegebenenfalls dafür sorgen, daß es verladen wird.

Nachdem immer mehr Fluggäste abgefertigt sind, begeben sich die Mitglieder des SAS-Teams langsam zum Abflug-Gate, wo sie ihren Fluggästen als Zeichen der Erkennung zunicken. In allen Fragen, die den Flug nach New York betreffen, kennen sie sich gut aus, und sie sind in der Lage, alle üblichen Fragen zu beantworten: wie man vom Kennedy- zum La Guardia-Flughafen kommt, warum in Oslo zwischengelandet wird, wie lange die wirkliche Flugzeit beträgt und ob der Kapitän ansagen wird, wann die Maschine über Grönland fliegt.

Probleme werden gelöst, sobald sie auftauchen. Kein Mitarbeiter an der Kundenfront muß auf die Erlaubnis eines Vorgesetzten warten. Kein Fluggast geht bekümmert oder unzufrieden an Bord.

Indem wir den Mitarbeitern an der Kundenfront mehr Verantwortung schenken, erlauben wir ihnen überdies, eine Serviceleistung zu erbringen, an der sie wegen der unflexiblen hierarchischen Struktur bisher gehindert wurden.

Man denke z.B. an die Lautsprecheransagen im Flugzeug. Früher gab es im SAS-Vorschriftenbuch bestimmte Absätze, die die Besatzung Wort für Wort herunterlas. Als wir unseren Mitarbeitern eine größere Flexibilität zugestanden, ermunterten wir sie, den vorgefertigten Text wegzuschmeißen und je nach den Erfordernissen der Fluggäste oder der Situation an Bord des Flugzeugs einen eigenen zu improvisieren.

Befolgten die Mitarbeiter unseren Rat? Einer zumindest tat es auf unvergleichliche Weise. Auf dem Morgenflug von Stockholm nach Kopenhagen vom 20. September 1982 – am Tag, nachdem die schwedischen Sozialdemokraten nach einer sechsjährigen Pause wieder an die Macht kamen – nahm der Kapitän das Mikrophon in die Hand und sagte: »Guten Morgen, Genossen.« Darauf folgte eine brillante politische Satire.

Kein Vorschriftenbuch hätte jemals im Detail angeben können, wie man ein Flugzeug voll Geschäftsreisender am Morgen nach einem Sieg der Sozialisten anspricht. Da er aber die Verantwortung für die Situation übernehmen durfte, konnte der Kapitän einen »Augenblick der Wahrheit« beim Schopf packen, den die Passagiere auf jenem Flug wahrscheinlich nicht so schnell wieder vergessen.

Auf einem anderen Flug warf ein neugieriger Touristenklasse-Passagier einen Blick in die Erste-Klasse-Kabine. Als der Steward ihn sah, lud er ihn zu einer Besichtigung ein. Nachdem er dem Fluggast auch das Cockpit gezeigt hatte, bot er ihm einen Drink an. »Wie gefällt es Ihnen jetzt bei der SAS?« fragte der Fluggast.

»Sehr gut – als ob ich bei einer völlig neuen Firma arbeiten würde.«

»Und wieso?«

»Nun, ich kann einen Fluggast hier hereinholen und ihm einen Drink anbieten, ohne jemanden um Erlaubnis bitten oder später einen Bericht über fehlende Drinks abliefern zu müssen.«

Natürlich ging die organisatorische Umstrukturierung bei der SAS nicht immer glatt und schmerzlos über die Bühne. Da wir es bei meinem Amtsantritt sehr eilig hatten, schnelle Lösungen für die finanziellen Probleme der SAS zu finden, ebneten wir die Organisationsstruktur so schnell ein, daß wir gelegentlich auf unserem Weg stolperten.

Damit die neuen Veränderungen sich sofort auswirkten, umgingen wir am Anfang einfach die Führungskräfte auf der mittleren Ebene und wandten uns direkt an die Mitarbeiter an der Kundenfront. Diese Mitarbeiter umgingen ebenfalls die mittleren Führungskräfte und wandten sich direkt an die Führungsspitze, wenn sie Hilfe brauchten. Als Reaktion darauf gaben wir unternehmensweit Anweisungen heraus, in denen wir nochmals bekräftigten, die Mitarbeiter an der Kundenfront sollten eigene Entscheidungen treffen.

Anfangs war der Erfolg dieser Kompetenzverlagerung so überraschend, daß wir nicht merkten, wie an anderer Stelle innerhalb des Unternehmens zunehmend Schwierigkeiten auftauchten.

Durch ihre neue Rolle innerhalb des Unternehmens verunsichert, nahmen die mittleren Führungskräfte verständlicherweise eine feindselige und uns entgegenwirkende Haltung ein. Wir hatten sie in eine völlig fremde Situation versetzt, in der sie unter Druck von beiden Seiten standen. Von oben prasselten Anweisungen auf sie herab, die nicht mit ihren Erwartungen und Erfahrungen in Einklang standen. Sie hörten, was wir sagten, aber sie wußten nicht, wie sie es in die Tat umsetzen sollten. Von unten kamen Forderungen nach Verantwortung und Entscheidungsbefugnis, die sie als Bedrohung ihrer eigenen Position ansahen.

Wir hatten die mittleren Führungskräfte aufgefordert, hinauszugehen und mit den Mitarbeitern an der Kundenfront zu reden, um herauszufinden, was diese brauchten, um ihre Arbeit zu leisten. Diese Manager waren jedoch nicht gewohnt, sich in einer unterstützenden Funktion zu sehen, besonders nicht, wenn es um die Unterstützung von Leuten ging, die sie bisher als Untergebene betrachtet hatten. Im Wort »Unterstützung« schwingt eher die Vorstellung mit, sich um die Bedürfnisse anderer zu kümmern, als etwas zu verwalten. Bei der SAS, ebenso wie bei anderen Unternehmen, waren Unterstützungs- und Dienstleistungsfunktionen immer mit einem niedrigen Status versehen worden. Jede Beförderung bewegte die Mitarbeiter vom Kunden weg und zur Verwaltung hin.

So saßen die mittleren Führungskräfte auch nach der Umorganisation der Firma weiterhin in ihren Büros mit ihren Dienstvorschriften, Maßnahmenkatalogen und Richtlinien. Wenn die Mitarbeiter draußen bei ihren Bemühungen, die Kunden zufriedenzustellen, »gegen die Vorschriften verstießen«, versuchten die mittleren Führungskräfte sie am Zügel zu halten. Darüber wurden die Leute an der Kundenfront wiederum wütend.

Obgleich unsere neue Strategie dezentralisierter Verantwortung mit unseren Mitarbeitern vor Ort ein Volltreffer war, taten wir uns sehr schwer, auch die mittleren Führungskräfte zu inspirieren. Als ich einmal aus den Vereinigten Staaten nach Schweden zurückkehrte, fand ich bei der Gepäckausgabe in der Ankunftshalle chaotische Bedingungen vor. Offensichtlich funktionierten die Bildschirme nicht, die anzeigen sollten, auf welchem Fließband das Gepäck von welchem Flug einrollte, und jeder suchte verwirrt nach seinen Koffern.

Ich schlug der Mitarbeiterin am Informationsschalter vor, sie solle ein paar – nötigenfalls handschriftliche – Schilder aufstellen, um dem Durcheinander etwas abzuhelfen.

»Wenn ich nur dürfte«, antwortete sie. »Das System ist am letzten Montag zusammengebrochen, und ich sagte meinem Vorgesetzten, daß wir provisorische Schilder anbringen sollten, damit die Leute ihr Gepäck finden können. Er meinte aber, daß es bald repariert würde und die Schilder somit unötig seien.«

»Und das ist schon eine Woche her!«

»Eben! Aber jetzt, wo inzwischen eine ganze Woche vergangen ist, sagte er, die Bildschirme würden jetzt *bestimmt* bald repariert.«

Als ich wieder in der Zentrale war, rief ich den betreffenden Abteilungsleiter an und bat ihn, den Vorgesetzten dieser Mitarbeiterin vor die Wahl zu stellen: Er könne entweder mit seinem schönen Schreibtisch von seinem geräumigen Büro zur Ankunftshalle hinunterziehen und von dort aus die Probleme persönlich übersehen und Entscheidungen zu deren Lösung treffen, oder er könne dort bleiben, wo er sei. Nur müßte er in diesem Fall seine Entscheidungsbefugnis an die Mitarbeiter in der Ankunftshalle abtreten, denn die seien mit den Problemen direkt konfrontiert.

Dieser Vorgesetzte hatte nicht begriffen, daß seine Rolle im Zuge der Umorganisierung sich verändert hatte. Früher erteilte er seinen Mitarbeitern Befehle und Anweisungen. Jetzt bestand seine Aufgabe darin, seine Leute zu unterstützen, indem er dafür sorgte, daß sie die Zielsetzungen der Abteilung genau verstanden und über die Informationen und Ressourcen verfügten, die sie zur Verwirklichung dieser Ziele unten in der Ankunftshalle benötigten. Seine Aufgabe bestand aber nicht mehr darin, oben in seinem Büro zu sitzen und zu verfügen, ob man handgeschriebene Gepäckschilder aufstellen solle oder nicht.

An diesen Reibungspunkten waren wir zu einem guten Teil selbst schuld. Wir hatten unsere mittleren Führungskräfte vernachlässigt. Den Mitarbeitern an der Kundenfront hatten wir das Recht gegeben, Verantwortung zu übernehmen, doch hatten wir den Managern auf mittlerer Ebene keine gangbaren Alternativen zu ihrer alten Rolle als Ausleger der Unternehmensvorschriften geboten. Wir hatten ihnen nicht vermittelt, wie sie mit einer Veränderung umzugehen hatten, die auf den ersten Blick wie eine Degradierung aussah.

Ich möchte ein weiteres Beispiel für den anfangs gemischten Erfolg unserer Veränderungen innerhalb der SAS nennen.

Eines Tages hatte sich ein SAS-Flug in Schweden aufgrund eines Schneesturms sehr verspätet. Die Chefstewardeß nahm die Verantwortung auf sich und beschloß, die Fluggäste für die Unannehmlichkeit mit kostenfreiem Kaffee und Gebäck zu entschädigen. Aus Erfahrung wußte sie, daß sie nun etwa 40 Portionen zusätzlich benötigen würde. So ging sie zum Catering-Service und gab eine Zusatzbestellung auf.

Doch der Catering-Vorgesetzte wies ihre Bitte ab. Es verstieß gegen die Vorschriften, eine größere Menge an Bordverpflegung herauszugeben, als für einen bestimmten Flug zugeteilt war. Die Chefstewardeß ließ sich aber nicht beirren. Sie sichtete ein Flugzeug der Finnair, das am nächsten Gate geparkt war. Finnair ist ein externer Kunde des SAS-Catering-Service und als solcher nicht an die internen Vorschriften der SAS gebunden.

Die SAS-Flugbegleiterin schaltete schnell: Sie wandte sich an ihren Kollegen in der Finnair-Maschine und bat ihn, 40 Tassen Kaffee und 40 Madelaines zu bestellen. Er gab die Bestellung auf, die der Catering-Vorgesetzte laut Vorschrift erfüllen mußte. Dann kaufte die SAS-Chefstewardeß mit Geld aus der Bordkasse den Imbiß der Finnair und verteilte ihn an die dankbaren Fluggäste.

In diesem Fall wagte die Flugbegleiterin, Vorschriften zu umgehen, um die Kunden zufriedenzustellen – was sie unter dem alten System mit Sicherheit nie versucht hätte. Gleichzeitig konnte der Catering-Vorgesetzte aber nicht verstehen, weshalb eine einfache Flugbegleiterin plötzlich das Recht hatte, Entscheidungen zu treffen, die bis dato immer in seinem Ermessen gelegen hatten, und so wurde er verwirrt und wütend.

Was er nicht begreifen konnte – und was wir nicht hinreichend erklärt hatten: Er hätte nie ihre Autorität in Frage stellen oder sich in irgendeiner Weise in ihre Bemühung, Kundenbedürfnissen entgegenzukommen, einmischen dürfen. In jenem »Augenblick der Wahrheit« mußte die Flugbegleiterin schnell handeln oder auf immer eine Gelegenheit verpassen, diese speziellen Kunden zufriedenzustellen. Sie hätte ihr Anliegen ihrem Vorgesetzten vortragen können, aber das hätte einen bürokratischen Ablauf in Gang gesetzt, der lange nach dem Abflug der verspäteten Maschine noch immer zu keinem Ergebnis gekommen wäre. Der Catering-Vorgesetzte hätte die Entscheidung der Flugbegleiterin später in Frage stellen können, aber niemand ist befugt, sich während eines »Augenblickes der Wahrheit« einzumischen. Die Ergreifung dieser unbezahlbaren Gelegenheiten, dem Kunden zu dienen, ist Aufgabe der Mitarbeiter an der Kundenfront. Es ihnen möglich zu machen, ist die Aufgabe der mittleren Führungskräfte.

Mit der Zeit machten wir uns ein viel klareres Bild über das Funktionieren der abgeflachten Pyramide und konnten das neue Rollenverständnis auch den Managern auf mittlerer Ebene vermitteln. Ihre Arbeit setzt noch immer an den von oben vorgegangenen Richtlinien zur Erreichung der Unternehmensziele an. Zunächst besteht die Aufgabe der mittleren Führungskräfte darin, diese weitgefaßten Richtlinien in kleinere Zielsetzungen aufzuteilen, welche die Mitarbeiter an der Kundenfront bewältigen können. Danach geht ihre Aufgabe von der Verwaltung zur Unterstützung über.

Manche setzen die Delegierung der Verantwortung mit der Abtretung des eigenen Einflusses gleich. Das ist aber wohl kaum der Fall. In Wirklichkeit ist die mittlere Führungskraft unerläßlich für das problemlose Funktionieren einer dezentralisierten Organisation.

Zur Motivierung der Mitarbeiter mit Kontakt zum Kunden und zur Unterstützung ihrer Bemühungen bedarf es fähiger und gut informierter Manager auf mittlerer Ebene, die geübt sind im Führen, Informieren, Kritisieren, Loben, Aufklären und vielem anderen mehr. Ihre Autorität wirkt in der Umsetzung einer Gesamtstrategie in praktische Richtlinien, damit die Mitarbeiter an der Kundenfront die notwendigen Ressourcen mobilisieren, ihre Zielsetzungen zu erreichen. Dazu ist harter Geschäftssinn wie auch eine gesunde Portion Kreativität und Improvisationsgeist vonnöten.

Zum Beispiel könnte der Manager auf mittlerer Ebene die Angestellten am Rollfeld bitten, das Gepäck eines jeden Flugs vor der Ankunft der Passagiere bei der Gepäckausgabe auf das Fließband zu verladen. Der Mitarbeiter an der Kundenfront antwortet: »Gut, ich befolge Ihre Anweisung. Ich kann dafür sorgen, daß das Gepäck vor den Passagieren an der Gepäckausgabe ist. Dazu brauche ich aber drei neue Lastwagen und sieben weitere Arbeitskräfte.« Mit anderen Worten, er teilt dem Manager auf mittlerer Ebene praktisch mit: »Wenn Sie wollen, daß ich mich dieser Zielsetzung annehme, dann mache ich es. Sie müssen mir aber die nötigen Mittel zur Verfügung stellen, damit ich das Ziel erreichen kann.« Dann liegt es am Manager, einen Weg zu finden.

Handelt es sich um ein akutes Problem, dann sollte er sein Budget entsprechend umverteilen. Ein kreativer und mutiger Manager würde sogar unter Umständen sein Budget überschreiten in der Hoffnung, daß bessere Ergebnisse sich einstellen, bis er dafür zur Rechenschaft gezogen wird. Eine mittlere Führungskraft, die unsere Neuorganisation nicht begriffen hat, würde eine Initiative wie die oben genannte zurückweisen, da sie nicht im Budget vorgesehen ist.

Zu beachten hierbei ist, daß Manager die zusätzlichen Kosten im Hinblick auf den Marktanteil, dem sie zugutekommen würden, beurteilen sollten. Stimmt die Ausgabe mit der Strategie, die Bedürfnisse des Geschäftsreisenden zu befriedigen, überein, dann sollte sie bewilligt werden. Wenn nicht, sollten die Mittel für Service-Leistungen aufgehoben werden, die besser geeignet sind, dieses Ziel zu verwirklichen.

Man bringt Menschen nicht dazu, ihre Fähigkeiten auszubauen, indem man sie mit festen Regeln lenkt, sondern indem man ihnen die ganze Verantwortung zur Erreichung eines bestimmten Ergebnisses anvertraut. Dazu will ich ein weiteres Beispiel anführen.

Die Frage, die für den Geschäftsreisenden bei der Wahl der Fluggesellschaft die größte Rolle spielt, ist die des Flugplans: Flüge müssen häufig und zu günstigen Zeiten erfolgen. Der zweitwichtigste Faktor ist Pünktlichkeit: Flüge müssen pünktlich starten.

Als ich zur SAS kam, sank der gute Ruf des Unternehmens in Sachen Pünktlichkeit gerade rapide. Das ging klar aus dem Verhalten unserer Fluggäste hervor, die es sich angewöhnt hatten, in letzter Minute – oder sogar noch später – am Flughafen einzutreffen. Kamen sie rechtzeitig, so mußten sie doch auf den verspäteten Abflug warten. Nicht einmal das Personal beeilte sich.

Man hatte viel darüber geredet, die Pünktlichkeit zu verbessern, aber nichts war unternommen worden. Verbesserungsvorschläge wurden meist abgelehnt mit dem Argument, daß eine größere Pünktlichkeit sowohl mehr Mitarbeiter als auch mehr Reservemaschinen erfordern würde, was mit zu großen Kosten verbunden wäre.

Das eigentliche Problem aber bestand darin, daß niemand die volle Verantwortung für die Pünktlichkeit übernahm. So suchten wir nach einer Stelle innerhalb des Unternehmens, die geeignet war, diese Verantwortung zu tragen.

Unsere Kopenhagener Kontrollstelle für den Flugbetrieb sorgte bereits dafür, daß die Flugzeuge immer an der richtigen Stelle standen und die Besatzungen verfügbar waren. So fragten wir John Sylvest, den leitenden Angestellten der Kontrollstelle, ob er bereit wäre, die Verantwortung dafür zu übernehmen, daß die SAS innerhalb von sechs Monaten die pünktlichste Airline Europas werde. Er nahm die Aufgabe an, und wir baten ihn darum, zu kalkulieren, wie teuer das werden würde.

Mit einer ausführlichen Dokumentation gewappnet und durch sachkundige Experten unterstützt, die seine Untersuchung Punkt für Punkt verteidigten, meldete er sich in unserem Stockholmer Büro. Wir unterbrachen ihn kurzerhand in seinen Ausführungen und baten ihn, uns lediglich seine Schlußfolgerungen mitzuteilen. Er antwortete: »1,8 Millionen Dollar und sechs Monate, um das Ganze über die Bühne zu bringen.«

Zwar hingen wir zu der Zeit sehr tief in den roten Zahlen, aber 1,8 Millionen Dollar war ein Spottpreis, um die pünktlichste Airline Europas zu werden. Wir willigten in sein Vorhaben ein, ohne nach seinen speziellen Empfehlungen zu fragen.

John war etwas erstaunt. Ob wir nichts von all den Daten und Vorschlägen wissen wollten, die er für uns zusammengetragen hatte? Nein. Wir waren an den Ergebnissen interessiert. Die Mittel blieben völlig ihm überlassen.

Innerhalb von nur vier Monaten hatten wir unser Ziel erreicht – mit einem Aufwand von nur 200 000 Dollar.

Wie war das möglich gewesen?

Man sollte nicht vergessen, daß Flugreisende Pünktlichkeit nicht nach der Ankunftszeit, sondern nach der Abflugszeit beurteilen. Sie werden nervös, wenn sie die Zeit verstreichen sehen und die Maschine immer noch auf dem Boden ist. Deshalb visierte John Sylvest eine Verbesserung der Pünktlichkeit bei den Abflugszeiten an.

Als größtes Hindernis erwies sich unsere erhöhte Bemühung um den Dienst am Kunden. Unsere Mitarbeiter ließen Flüge erst dann starten, wenn bestimmte Anschlußflüge gelandet waren, auch wenn diese Maschinen sich verspäteten. Man könne es ja schließlich nicht als guten Service betrachten, wenn man Fluggäste einfach zurückließ! Das Ergebnis war aber, daß zu viele SAS-Flugzeuge auf dem Boden blieben, während sie aufeinander warteten. Dieses Problem wuchs von Tag zu Tag in der ganzen Welt und wurde immer schlimmer.

Als wir uns aber einmal für die Pünktlichkeit entschieden hatten, war die Lösung einfach: Kam ein Flugzeug nicht rechtzeitig zu Anschlußflügen an, dann konnte man nichts daran ändern. Die anderen Maschinen würden nicht darauf warten. Indem wir nicht zuließen, daß sich die Verspätungen häuften, machten wir erstaunliche Fortschritte in Richtung pünktlicher Abflüge.

Wenn früher ein Flugbegleiter bis zur Abflugzeit nicht eingetroffen war, hatten die Fluggäste im Terminal sitzenzubleiben und zu warten, bis Ersatz gefunden war. Jetzt gab die Kontrollstelle neue Anweisungen: Pünktlich abfliegen, solange die Besatzungsstärke noch oberhalb der Mindestgröße liegt. Auf keinen Fall durfte die Sicherheit in Frage gestellt werden, aber man ging davon aus, daß die Fluggäste um der Pünktlichkeit willen gerne einen etwas langsameren Kabinen-Service in Kauf nehmen würden.

Ähnliche Maßnahmen wurden hinsichtlich des Essens ergriffen. Früher, wenn laut Flughandbuch ein Tablett pro Fluggast an Bord sein sollte und vor Abflug festgestellt wurde, daß aus Versehen ein Tablett fehlte, hatte die Besatzung den Flug aufgehalten, bis das zusätzliche Essen an Bord gebracht wurde. Nach dem neuen Plan John Sylvests wurde das nun anders gehandhabt. »Fliegt nach Plan ab«, sagte er dem Kabinenpersonal. »Es gibt immer irgendjemanden, der gerade gegessen hat oder der gleich nach seiner Ankunft essen geht. Im schlimmsten Fall fragt ihr einfach, ob die SAS nach der Ankunft ein Essen spendieren darf. Der Aufwand lohnt, wenn man dafür pünktlich abfliegt.«

Als nächstes knöpfte sich John Sylvest ein anderes produktorientiertes Verfahren namens »Flugzusammenlegung« vor. Wenn ein Flug nur halbvoll war, wurde er manchmal gestrichen und die Fluggäste auf die nächstverfügbare Maschine umgebucht. Flüge zwischen Stockholm, Oslo und Kopenhagen wurden im Interesse der Treibstoffeinsparung im Zuge der verschiedenen Energiekrisen recht oft zusammengelegt.

Obwohl die SAS im vergangenen Jahr durch Flugzusammenlegungen 2,6 Millionen Dollar eingespart hatte, brachte diese Maßnahme für den Fluggast einige Unannehmlichkeiten mit sich und untergrub die Pünktlichkeit. Deshalb wollte John die 1,8 Millionen Dollar dafür aufwenden, daß alle im Flugplan aufgeführten Flüge auch wirklich starteten, selbst wenn sie weniger als halbvoll waren.

Bis es aber soweit war, hatte die SAS aufgrund ihres neuen Rufes, pünktlich zu sein, so viele neue Kunden angelockt, daß es gar keine halbvollen Maschinen mehr gab, die man hätte zusammenlegen müssen!

Die größte Leistung der Pünktlichkeits-Kampagne war die Motivation eines jeden bei der SAS, sich hinter das gleiche Ziel zu stellen. Früher hatten wir uns das Ziel gesetzt, 80 Prozent der Flüge rechtzeitig abfliegen zu lassen. Dadurch besaß jeder ein Sicherheitsventil: 20 Prozent der Flüge durften mit Verspätung abfliegen, was machte es also, wenn sie sich nicht beeilten, damit *ihr* Flug pünktlich startete?

Jetzte strebten wir aber eine Pünktlichkeit von 100 Prozent an. Ohne weitere Anweisungen seitens der obersten Geschäftsleitung bemühte sich jeder, ein bißchen besser und effizienter zu arbeiten. Die Pünktlichkeit war eine Angelegenheit des ganzen Unternehmens geworden. Vorher war niemand verantwortlich. Hinterher waren es alle.

Die Pünktlichkeits-Kampagne erhielt einen unerwarteten Auftrieb durch die Einführung einer neuen Position, der wir die Bezeichnung »Service-Manager« gaben. Der Service-Manager trägt Sorge dafür, Probleme auf dem Boden zu lösen und nicht der Flugbesatzung weiterzugeben. Er koordiniert auch das An-Bord-Gehen. Bei sehr großem Andrang setzt er sich auch über die Vorschriften im Flughandbuch bezüglich des Zeitpunktes, zu dem das »Boarding« erfolgen soll, hinweg und läßt die Passagiere früher einsteigen.

Die technische Seite des Unternehmens leistete eigene Beiträge. Laut den Wartungsrichtlinien sollten 15 bis 19 Stunden ausreichen, um eine DC-9 gründlich durchzuchecken. Die Wartungszeiten hatten aber allmählich zugenommen. Ebenso wie die Pünktlichkeit auch an anderer Stelle innerhalb des Unternehmens nachließ, so standen auch die Flugzeuge nicht immer dann zur Verfügung, wenn sie benötigt wurden. Indem wir die Wartungszeiten strafften, waren wir wieder in der Lage, Flugzeuge in 15 bis 19 Stunden aus der Werkstatt draußen zu haben. Diese zusätzliche Schnelligkeit stellte jedoch keineswegs die Sicherheit in Frage. Das Streben nach größerer Pünktlichkeit führte sogar zu einer allgemeinen Erhöhung der Präzision, die wiederum die Aufmerksamkeit für Sicherheitsfragen steigerte.

Meine Beteiligung an der Kampagne kam etwas überraschend – sogar für mich! Eines Tages ging die Tür zu meinem Büro auf und einige Mitarbeiter führten mein neues Computer-Terminal herein. Ich hatte es mir gar nicht gewünscht – aber wie es sich herausstellte, hatte der neue Leiter der Service-Abteilung es für micht bestellt. Er meinte, wir sollten dem Unternehmen zeigen, daß wir den Fortschritt der Pünktlichkeits-Kampagne verfolgen wollten, indem der Präsident jede Situation persönlich überwache.

Die Bildschirmdaten wurden alle fünf Minuten automatisch auf den neuesten Stand gebracht. Ich konnte sowohl die Gesamtentwicklung unserer Pünktlichkeits-Kampagne als auch Einzelfälle guter bzw. mittelmäßiger Arbeit beobachten. Als ich z.B. sah, daß unsere Mitarbeiter in Oslo es schafften, trotz schlechter Wetterbedingungen einen Flug pünktlich starten zu lassen, telefonierte ich sofort, um ein Wort der Anerkennung auszusprechen. Oder wenn ein Flug verspätet war, konnte ich z.B. beim Service-Manager anrufen und ihm sagen: »Hier spricht Jan Carlzon. Ich möchte gerne wissen, aus welchem Grund dieser Flug nicht rechtzeitig gestartet ist.«

Natürlich ist es auf lange Sicht nicht meine Aufgabe, zu kontrollieren, welche Flüge pünktlich starten und welche sich verspäten. Während der frühen Phasen der Kampagne wurde aber so jedem einzelnen SAS-Mitarbeiter vermittelt, welchen Stellenwert wir seinen Bemühungen um Pünktlichkeit beimaßen.

Trotz ein paar kleinerer Rückschläge haben wir es wirklich geschafft, die SAS-Pyramide abzuflachen, und unsere Mitarbeiter sagen uns, daß sie ihre Arbeit mit neuer Motivation und Vertrauen ausführen.

Ich kann andere nur ermutigen, ihr eigenes Unternehmen sehr genau unter die Lupe zu nehmen. Wenn auch Sie es schaffen, Ihre Pyramide abzuflachen, werden Sie dadurch eine weitaus stärkere und flexiblere Organisation schaffen, die nicht nur den Kunden besser dient, sondern auch die verborgene Energie Ihrer Mitarbeiter freisetzt. Die Ergebnisse können absolut verblüffend sein.

Kapitel 7
Risiken eingehen

Astrid Lindgrens beliebtes Kinderbuch »Ronja Räubertochter« handelt von einem Mädchen im Mittelalter namens Ronja, das sich mit einem Nachbarjungen anfreundet, obwohl ihre beiden Familien seit langer Zeit verfeindet sind. Die zwei Familien leben auf den beiden Seiten eines Abgrunds, der so tief ist, daß jeder, der ihn zu überspringen versucht und dabei scheitert, mit hundertprozentiger Sicherheit in den Tod stürzt.

Da der Junge Ronjas Freund ist, kommt er in die Burg ihrer Familie, um sie zu besuchen. Als Ronjas Vater den Jungen sieht, nimmt er ihn sofort als Geisel gefangen.

Ronja steht am Rand des Abgrunds und macht sich bereit zu springen. Wenn sie es schafft, auf die andere Seite zu kommen – sagt sie sich –, wird sie von der Familie des Jungen gefangengenommen und beide Seiten hätten wieder die gleiche Ausgangsposition. Wenn sie scheitert, ist alles verloren: Im Fall ihres Todes wäre ihr Freund ihrem Vater ausgeliefert.

Sie muß ihren ganzen Mut zusammennehmen. Wenn sie ihr Ziel verfehlt, sind die Folgen schrecklich. Doch ist dies ihre einzige Chance.

Sie springt über den Abgrund!

Ronja weiß, daß es Augenblicke gibt, in denen man springen

muß. Menschen, die immer den sichersten Weg wählen, kommen nie über den Abgrund. Sie bleiben auf der falschen Seite zurück.

Auf ähnliche Weise müssen Mitarbeiter eines Unternehmens – und das Unternehmen als ganzes – den Sprung wagen. In der Geschäftswelt wird diese Art Sprung als »Ausführung« bezeichnet. Eine klar artikulierte Strategie erleichtert die Ausführung erheblich. Dazu gehören Mut, manchmal bis hin zur Tollkühnheit, sowie eine große Portion Intuition. Diese Eigenschaften kann man sich zwar nicht aneignen, sind sie aber vorhanden, kann man sie immer weiter ausbauen.

Unsere Ideen bei Linjeflyg und der SAS waren weder neu noch originell. Wir hatten aber den Mut, danach zu agieren, wie es noch niemand getan hatte. Indem wir bei Linjeflyg die Tarife senkten, verwandelten wir den innerschwedischen Luftverkehr von einer Dienstleistung, die praktisch ausschließlich von Geschäftsleuten in Anspruch genommen wurde, in einen Service, über den jeder redete und den jeder gerne ausprobieren wollte. Seither haben mir buchstäblich Hunderte von Leuten gesagt: »Da war doch nichts neues daran. Wir sagen seit Jahren, daß Sie die Tarife senken sollen. Es liegt doch auf der Hand, daß Sie mehr Fluggäste heranlocken können, wenn Sie die Preise halbieren.«

Sicher war die Idee einfach und leicht einsehbar. Einige andere Fluggesellschaften hatten sogar zur gleichen Zeit eine Tarifsenkung in Erwägung gezogen, aber aus ihren Kalkulationen schlossen sie, daß das Risiko zu groß sei. Ich bin überzeugt, daß ich als vorsichtiger Mensch bei Linjeflyg vollkommen gescheitert wäre. Auch ich hätte meine Kalkulationen gemacht, Route für Route, bis die Ausmaße des Risikos zu groß geworden wären und ich die Idee gänzlich über Bord geworfen hätte. Statt dessen wagte ich, mich mehr auf meine Intuition als auf meinen Taschenrechner zu verlassen. Die Tarifsenkung bei Linjeflyg war für mich wie Ronjas Abgrund.

Das gleiche galt im Falle der SAS. Es war nicht möglich, durch Messen oder Kalkulieren festzuhalten, ob die von uns vorgeschlagenen Veränderungen und Investitionen genügend neue Einkünfte erzielen würden. Außer von groben ökonomischen Schätzungen konnten wir uns nur von unserer Intuition leiten lassen. Als wir aber den Sprung einmal wagten, gewannen wir viel mehr, als wir uns jemals hätten vorstellen können.

Leider mangelt es ausgesprochen vielen Managern an Intuition, Mut und Überzeugung. Das hierarchische Unternehmen wird traditionsgemäß von Kräften geleitet, deren Expertise im ökonomischen, finanziellen oder in einem anderen technischen Bereich liegt. Diese Leute mögen zwar hochintelligent sein, aber was Entscheidungsfindung und -durchführung anlangt, sind sie oft eine Katastrophe. Für jedes Problem finden sie zehn Lösungen, und wenn sie vor der Entscheidung stehen, welche davon sie in die Tat umsetzen wollen, entdecken sie weitere fünf. In der Zwischenzeit haben sie eine ganze Reihe von Gelegenheiten verpaßt. Jetzt sind sie mit völlig neuen Problemen konfrontiert und müssen den ganzen Prozeß wieder von vorne durchlaufen. Manchmal vermute ich, sie denken sich immer neue Alternativen aus, um den entscheidenden Sprung nicht wagen zu müssen.

Ich bin kein Feind analytischen Denkens. Die Analyse spielt eine wesentliche Rolle, doch muß sie sich stets auf die Gesamtstrategie und nicht auf deren einzelne Bestandteile beziehen. Der rationelle Beobachter hätte es leichtsinnig gefunden, 50 Millionen Dollar zusätzlich in das Unternehmen zu stecken in einer Zeit, als die SAS Verluste in einer Höhe von 20 Millionen Dollar pro Jahr verbuchen mußte. Das wäre es auch gewesen, hätten die Verbesserungen sich nicht in eine umfassende Unternehmensstrategie eingefügt. Bevor wir uns endgültig entschieden, dieses Geld zu investieren, analysierten wir die Marktlage, formulierten ein Unternehmensziel und erarbeiteten eine Strategie. Erst nachdem wir einen logischen Kontext geschaffen hatten, wagte ich den Sprung. Wie Ronja sah ich, daß der Sprung ein gewaltiges Risiko bedeutete – aber gleichzeitig war es unsere einzige Chance.

Will man eine Idee, an die sich noch keiner gewagt hat, erfolgreich in die Tat umsetzen, so muß man meist einen *großen* Sprung wagen. Linjeflyg hatte bereits vorher Tarifsenkungen ausprobiert, aber so zaghaft, daß der Markt es gar nicht begriff. Einige andere Fluggesellschaften führten schon vor der SAS eine Business-Klasse ein, hatten jedoch kaum einen spürbaren Einfluß auf den Markt. Kleine Schritte – wie etwa das Anbieten kostenfreier Getränke – reichen nicht aus, wenn man am Rande eines Abgrunds steht.

Bei einer Analyse muß auch die Frage des Timings berücksichtigt werden. Wissen Sie noch, wer als erster turbogeladene Motoren für Kraftfahrzeuge einführte? Die meisten tippen wahrscheinlich auf Saab. Nur wenige werden sich daran erinnern, daß BMW seinen Turbolader bereits im Jahre 1974 vorstellte. Weshalb? Weil das Timing von BMW denkbar schlecht war: Der Turbolader wurde mitten in der Ölkrise auf den Markt gebracht, als die Verbraucher aufgrund von Sparmaßnahmen in viel stärkerem Maße an Autos mit hoher Kilometerleistung und einer langsameren Fahrweise interessiert waren.

Daß viele Manager den Sprung über den Abgrund nicht wagen wollen, liegt zum Teil an der Annahme, das meiste sei ohnehin nicht zu verwirklichen. Die oberste Geschäftsleitung bei der SAS war z.B. gewohnt auszurechnen, mit welcher Wahrscheinlichkeit die Regierung einer geplanten Veränderung zustimmen würde. Da sie sich meist eine negative Antwort ausrechnete, unterbreiteten sie von vornherein kaum je einen Vorschlag. Statt dessen pflegte sie, gute Ideen im Keim zu ersticken mit Argumenten wie »Das werden uns die Behörden nie erlauben« oder »Das klappt ja doch nicht«.

Ich habe einen Spruch, der beim Abbau solcher psychologischer Hindernisse behilflich ist: »Renne die Mauer ein«. Ihr Ziel mag unerreichbar erscheinen, doch hören Sie nicht auf, es zu verfolgen, bis jemand Ihnen wirklich den Weg versperrt. Die Mauern, die sich vor Ihnen aufbauen, sind möglicherweise nicht so massiv, wie sie zunächst aussehen. Vielleicht handelt es sich in Wirklichkeit gar nicht um Mauern aus Stein, sondern um Fassaden aus Pappe, die Sie problemlos zum Einstürzen bringen können.

Als ich eines der ersten Male eine Mauer einrannte, geschah es ohne Absicht. Als Chef von Vingresor hörte ich, daß der bedeutende britische Reiseveranstalter Thomson neben seinen Einkünften aus den Pauschalreisen durch den Verkauf von T-Shirts, Ausflügen usw. zusätzlich $ 20 pro Kunde kassierte. Bei Vingresor betrugen unsere Einnahmen aus solchen Quellen weniger als ein Zehntel dieser Summe. Bei einer Kundschaft von 200 000 Reisegästen im Jahr lag es auf der Hand, daß da ein Millionengewinn zu machen war.

Ich erzählte dies Claes Bernhard, einem unserer Mitarbeiter in der Marketing-Abteilung, und trug ihm auf, es Thomson gleichzutun. »Mir ist es egal, wie Sie es machen,« wies ich ihn an, »aber unser Mindestziel ist $ 20 pro Kunde.« Claes startete fantasievolle Werbekampagnen und organisierte unternehmensinterne Verkaufswettbewerbe, wobei die Gewinne vom neuen Auto bis hin zur Milchkuh alles umfaßten, was man sich nur vorstellen kann. Unsere Gewinne erreichten endlich die 8-Dollar-Marke, flachten aber dann ab. Enttäuscht und ratlos schickte ich Claes zu Thomson, um zu erfahren, wie sie das bloß schafften.

Bei Thomson waren die Leute erstaunt. Es stellte sich heraus, daß ich die Zahlen falsch interpretiert hatte. Zwar verdienten sie $ 20 pro Kopf, doch handelte es sich um den *Brutto*verdienst. In Wirklichkeit war ihr Nettogewinn niedriger als der, den wir die ganze Zeit schon erzielt hatten. Hätte ich das von Anfang an gewußt, wäre ich wahrscheinlich mit dem Status quo weiterhin zufrieden gewesen. Das Mißverständnis inspirierte mich jedoch, eine Mauer einzurennen und auf diese Weise den Unternehmensgewinn wesentlich zu steigern.

Bei Linjeflyg stießen wir auf eine weitere, scheinbar unüberwindbare Barriere. In den fünf Jahren, bevor ich meine Tätigkeit dort aufnahm, hatte das Unternehmen 13 Flugzeuge erstanden und sich deswegen mit 70 Millionen Dollar verschuldet. Ich störte mich weniger an der Verschuldung selbst als an der Tatsache, daß wir die Flugzeuge vom niederländischen Flugzeugbauer Fokker gekauft hatten und deshalb in holländischen Gulden statt in schwedischen Kronen zu zahlen hatten. Der Umtauschkurs war vernichtend; allein die Devisenfluktuationen hatten 10 bis 12 Millionen Dollar des gesamten Schuldbetrags ausgemacht. Und da wir so schwer verschuldet waren, hatten wir außerdem Schwierigkeiten, einen Kredit zu bekommen, um den Kauf abzubezahlen. Etwas mußte geschehen.

Ich beauftragte unseren neuen Verwaltungschef Bengt Haglund mit der Zurückführung der Kredite vom holländischen auf den schwedischen Markt. Dann schaute ich zu, wie er sämtliche Mauern einrannte. Bengt setzte sich mit sämtlichen Kreditanstalten Schwedens in Verbindung, um sich nach der Möglichkeit neuer Kredite zu erkundigen. Und trotz des schlechten Verschuldungskoeffizienten von Linjeflyg zogen alle mit. Die Banken glaubten an unsere neue Strategie und an die Sicherheit, die ein öffentlicher Versorgungsbetrieb aufweist. Bengt kam ausgezeichnet allein zurecht – viel besser, als wenn ich den üblichen Weg gewählt und ihm genau gesagt hätte, wie er die Sache anzupacken hätte. Dadurch wäre nur seine Kreativität – die sich als beträchtlich erwies – erstickt worden.

Nachdem wir die SAS neuorganisiert und Energien unserer Mitarbeiter freigesetzt hatten, fanden diese nichts mehr daran, solche Hürden gewohnheitsmäßig zu überwinden. Als wir z.B. die neue EuroClass einführten, wollten wir das Produkt, das wir unseren Geschäftsreisenden anboten, noch attraktiver gestalten. Eine Möglichkeit, die wir ins Auge faßten, waren getrennte und zügiger funktionierende Abfertigungsschalter. Nach landläufiger Meinung würden die Behörden im egalitären Skandinavien niemals ihre Zustimmung geben, da eine solche Einrichtung einer Aufstellung von Klassenschranken gleichkäme. Ein typisches Beispiel für eine Mauer. Was passierte aber? Wir reichten unseren Antrag trotzdem ein und erläuterten unseren Gesamtplan. Die skandinavischen Zivilluftfahrtbehörden verstanden unseren Antrag als wesentlichen Bestandteil unserer Kursänderungsstrategie und genehmigten ihn sofort.

Die größte Mauer, die es zu überwinden galt – und es gelang – war der heftige Widerstand von anderen europäischen Fluggesellschaften, als wir unsere EuroClass einführten. Im vorangegangenen Jahr hatte die Air France auch eine Business-Klasse, Classe d'Affaires genannt, eingerichtet. In den Genuß der damit verbundenen Service-Leistungen kamen jedoch nur Fluggäste, die einen Zuschlag zum normalen Economy-Tarif bezahlten.

Bei der Einführung der SAS EuroClass machten wir es uns zum Ziel, den Fluggästen, die bereits den relativ hohen vollen Economy-Tarif entrichteten, einen besseren Service zu bieten. Die Air France erwartete jedoch von uns, daß wir einen ähnlichen Aufpreis verlangten.

Wir weigerten uns. Früher hätten wir den Forderungen unserer Konkurrenten nachgegeben. Mit unserem neuen Selbstvertrauen sahen wir jedoch, daß wir nicht gegen unsere Unternehmensstrategie handeln konnten, selbst auf die Gefahr hin, daß unsere Entschlossenheit einen Krieg zwischen den Zivilluftfahrtbehörden auslösen könnte – was auch tatsächlich eintrat.

Die Air France saß jedoch am längeren Hebel. Die zivile Luftfahrt wird in Europa durch eine Reihe von bilateralen Abkommen zwischen den verschiedenen Ländern geregelt. Indem sie versuchen, eine gewisse Gleichheit hinsichtlich des Leistungsvolumens, der Preisfestsetzung und des Service-Niveaus zu erreichen, geben diese Abkommen jeder einzelnen nationalen Fluggesellschaft praktisch das Einspruchsrecht gegen die Entscheidungen der anderen. Zudem ist die Air France im Besitz des französischen Staates.

Auch wenn es uns heute als extreme Reaktion erscheinen mag, daß Frankreich seine Luftfahrtabkommen mit Skandinavien aufkündigte, weil die SAS sich weigerte, ihren Passagieren für einen besseren Service mehr Geld abzuverlangen, sah die Lage 1981 wirklich so aus. Die französischen Behörden drohten, der SAS die Landeerlaubnis zu entziehen. Es war nicht immer so, daß die SAS mit ihren Regierungen gut auskam, aber dieses Mal wurden wir fabelhaft unterstützt: Die skandinavischen Luftfahrtbehörden reagierten mit einer vergleichbaren Drohung gegen die Air France.

Dadurch war die Air France ziemlich in der Klemme. Während wir durch bewegliche Trennwände die Größe unserer EuroClass-Abteile der Zahl von EuroClass- bzw. Billigtarif-Passagieren auf jedem Flug anpassen konnten, hatte die Air France feste Classe d'Affaires-Abteile auf ihren Maschinen eingerichtet. So war die Fluggastkapazität – und im übertragenen Sinne auch die Rentabilität – ihrer Classe d'Affaires räumlich begrenzt.

Wir blieben standhaft, Air France aber auch, unterstützt durch einige andere europäische Fluggesellschaften. Wir kämpften gegen fast die gesamte europäische Luftverkehrsbranche an. Es war zweifellos die dickste Mauer, mit der wir uns jemals konfrontiert gesehen hatten. Uns blieb nichts anderes übrig, als sofort dagegen anzurennen.

Um die Wettbewerbsfähigkeit ihrer Classe d'Affaires im Vergleich zu unserer EuroClass zu erhalten, senkte die Air France ihren Business-Tarif auf unser Niveau und verbilligte den normalen Economy-Tarif noch stärker. Wir konterten mit einer Senkung unseres Normaltarifs. Es entwickelte sich ein erbitterter Preiskrieg, bis die Außenminister Frankreichs und Schwedens mit beiden Fluggesellschaften im Hintergrund in Stockholm zusammentrafen, um den Konflikt beizulegen. Sie einigten sich darauf, daß die SAS ihren EuroClass-Service weiterhin ohne Aufpreis anbieten dürfe. Dafür durfte die Air France ihrerseits unseren Tarif in ihrer Classe d'Affaires verlangen und den Normaltarif-Passagieren, die in dem Business-Abteil keinen Platz bekamen, einen kleinen Preisnachlaß gewähren. (Dieser Plan wurde nie durchgeführt, und bis heute hat die Air France Schwierigkeiten mit dem Tarifsystem wie auch mit der Ausschöpfung der Fluggastkapazitäten in der Classe d'Affaires auf skandinavischen Flügen.)

Warum lag uns so viel an dieser Sache? Hätten wir auf unseren Flügen nach Frankreich einen Aufpreis für den EuroClass-Service verlangen müssen, wäre die zugrundeliegende Strategie zusammengebrochen. Wir machten es ein für allemal zum Grundsatz, daß man für die EuroClass nicht mehr bezahlen muß als den normalen Economy-Tarif. Indem wir uns voll für die Durchführung unserer Unternehmensstrategie einsetzten, konnten wir unser Ziel in die Tat umsetzen.

Ohne eine klar formulierte Strategie hätten wir nie die bedingungslose Unterstützung der skandinavischen Behörden erhalten. Der Kampf mit der Air France hob auch die Arbeitsmoral unserer Mitarbeiter, die einen Grundsatz aufrechterhalten wollten, der uns allen am Herzen lag.

Nicht nur die Vertreter der obersten Geschäftsleitung müssen lernen, den Sprung über den Abgrund zu wagen, sondern die Risikobereitschaft muß sich durch das gesamte Unternehmen hindurchziehen.

Leider befolgen die meisten Mitarbeiter an der Kundenfront schon so lange Anweisungen, daß nur wenige den Mut haben, etwas Außergewöhnliches auszuprobieren. Bevor sie eine Entscheidung treffen, die einem Vorgesetzten möglicherweise nicht gefällt, delegieren sie die Verantwortung lieber weiter nach oben – im Extremfall bis zum Aufsichtsrat. (Das passiert öfter, als die meisten Führungskräfte gerne zugeben.)

Wenn die Mitarbeiter tatsächlich Entscheidungen treffen sollen, mit denen ein gewisses Risiko einhergeht, dann muß ihnen ein Gefühl der Sicherheit vermittelt werden. Es reicht nicht aus, über bestimmte Kenntnisse und Informationen zu verfügen, wenn man befürchten muß, durch eine falsche Entscheidung Schwierigkeiten zu bekommen oder sogar den Arbeitsplatz zu verlieren. Mitarbeiter müssen die Gewißheit haben, Fehler machen zu dürfen. Nur dann werden sie wagen, ihre neue Autorität voll einzusetzen.

Eine solche Sicherheit kann inneren oder äußeren Ursprungs sein. Führungskräfte auf oberer und mittlerer Ebene können beides fördern.

Innere Sicherheit kann aus dem gesteigerten Selbstwertgefühl entstehen, das aus einer größeren Verantwortung resultiert. Wie Erich Fromm feststellt, kann kein Mensch Macht und Autorität im herkömmlichen Sinne »besitzen«, denn verliert er Titel und Luxusschreibtisch, büßt er auch die Autorität ein. In Wirklichkeit sind Autorität und Verantwortung mit dem einzelnen verknüpft: mit seiner Weisheit, seinem Wissen und seiner

Art, mit Menschen umzugehen. Das alles verleiht ihm eine Autorität, die ihm niemand wegnehmen kann. Im Idealfall sollten Mitarbeiter ihr Sicherheitsgefühl im Umgang mit Kunden, also von innen her bekommen.

Die äußere Sicherheit muß von denen gegeben werden, die weiter oben in der Unternehmenshierarchie stehen. Führungskräfte und Manager müssen Mitarbeiter, die Risiken eingehen und gelegentlich Fehler machen, führen anstatt sie zu bestrafen. Fehlentscheidungen sollten als Grundlage für die Vermittlung neuer Kenntnisse dienen, richtige Entscheidungen als Grundlage für Lob und positive Vorbilder. Ein Mensch, der wegen seiner Fehler zurechtgewiesen wird, sollte das Recht haben, sich ohne Angst vor Bestrafung zu verteidigen.

Ich möchte an dieser Stelle klarstellen, daß das Recht, Fehler zu machen, nicht dasselbe ist wie das Recht, inkompetent zu sein – zumal nicht für einen Manager. Ein Manager darf nicht auf seinem Posten bleiben, wenn er die Unternehmensstrategie nicht akzeptiert oder nicht in der Lage ist, seine Zielsetzungen zu erreichen.

Schwedens »Aman«-Gesetze, die garantieren, daß einem Arbeitnehmer nicht ohne guten Grund gekündigt werden kann, haben uns gezwungen, uns sehr gründlich mit der Frage der Arbeitsplatzsicherheit auseinanderzusetzen. Mag sein, daß viele amerikanische Unternehmenschefs an dieser Gesetzgebung etwas auszusetzen hätten, dennoch halte ich sie für einen Segen: Sie bietet eine grundlegende Sicherheit, die eine Dezentralisierung der Verantwortung ermöglicht und Mut zum Risiko verleiht.

Erstaunlicherweise haben wir mit der Dezentralisierung der SAS in den USA weniger Erfolg gehabt als in irgendeinem anderen Land. Wir denken gerne an Amerika als das »Land der Freien, die Heimat der Mutigen«, doch scheuen sich viele Amerikaner in Wirklichkeit, in ihrer täglichen Arbeit irgendwelche Risiken einzugehen. Meines Erachtens weil amerikanische Firmen keine wirkliche Arbeitsplatzsicherheit bieten, nach dem Motto »Entweder man stellt den Chef zufrieden, oder man muß nächste Woche sehen, wer den Lohnscheck unterschreibt.«

Man kann Menschen durch Angst führen, wie z.B. Soldaten meist motiviert werden. Man kann Menschen zur Leistung zwingen, indem man ihnen die sofortige Kündigung androht für den Fall, daß sie nicht spuren. Meiner Ansicht nach macht die Führung durch Bedrohung oder Angst die Menschen kleiner. Umgekehrt läßt sie die Führung durch Zuneigung wachsen und sich entfalten. Über Zuneigung – definiert als der Wille, in anderen Menschen Wachstum zu fördern – wird in Diskussionen über Führung meist nicht viel gesagt. Man kann es auch Achtung für das Individuum, Achtung für dessen Verantwortungsgefühl und dessen angeborenen Wunsch, gute Arbeit zu leisten, nennen.

Ein weiteres Beispiel, das auf unsere Pünktlichkeits-Kampagne bei der SAS zurückgreift, illustriert, wie man Mitarbeiter auf allen Ebenen ermutigen sollte, Risiken einzugehen.

Einmal funkte ein wichtiger schwedischer Geschäftsmann von seiner Privatmaschine aus dem Kennedy-Flughafen, er würde sich für den SAS-Flug nach Stockholm um ein paar Minuten verspäten. Obwohl er es nicht klar aussprach, schwang deutlich mit, wir sollten die Maschine warten lassen.

Früher hatten wir es getan. Niemand hätte auch nur im Traum daran gedacht, einen so wichtigen und einflußreichen Kunden zurückzulassen und auf diese Weise sein Mißfallen zu erregen. Für einen solchen Fall gab es keine festen Instruktionen, aber jeder konnte sehen, daß es nicht klug gewesen wäre, ohne jene VIP abzufliegen. Besser, den Flug aufzuhalten, als eine scharfe Rüge zu riskieren.

Doch als der Geschäftsmann ankam, war der Flug bereits gestartet. Ein SAS-Beamter empfing ihn und erklärte, er sei auf einem KLM-Flug gebucht, der eine halbe Stunde später abfliege. Es handle sich um den gleichen Flugzeugtyp, und er bekäme die gleiche Platznummer, die er bei der SAS immer buche. Er erhob keine Beschwerde, und die SAS behielt ihren Ruf für Pünktlichkeit – weil ein Mitarbeiter gewagt hatte, eine aus dem Rahmen fallende Lösung für das Problem zu finden.

Bei einer anderen Gelegenheit saß ich bei den Piloten vorne im Cockpit, als die Abflugszeit immer näher rückte. Die Sekunden vergingen, der magische Augenblick war gekommen. Würden wir rechtzeitig starten? Der Kapitän murmelte etwas von einer Lichtanzeige, die darauf hindeutete, daß irgendetwas an Bord nicht stimme. Eine Tür war nicht richtig geschlossen. Er nahm das Mikrophon und bat das Kabinenpersonal, diese Tür noch einmal auf- und zuzumachen. Während sie damit beschäftigt waren, tickte der Sekundenzeiger an der Abflugzeit vorbei. Plötzlich spürten wir einen dumpfen Schlag im Flugzeug. Was war denn *das*? Der Kapitän grinste und deutete nach unten. Es war der Fahrer des Schleppfahrzeugs, der uns mit aller Liebenswürdigkeit darauf hinwies, daß es Zeit zum Starten sei!

Dieser Vorfall mag einem Außenstehenden unbedeutend erscheinen, aber für mich, im Bewußtsein des enormen Statusunterschieds zwischen einem Schleppfahrzeugfahrer und einem SAS-Kapitän, war es ein Schlüsselerlebnis. Es war der konkrete Beweis dafür, daß wir alle mitzogen in der Bemühung, die SAS zur pünktlichsten Fluggesellschaft der Welt zu machen.

Und seither ist die SAS die pünktlichste Fluggesellschaft Europas.

Kapitel 8
Kommunizieren

Als wir 1981 eine Reihe organisatorischer Veränderungen bei der SAS durchführen wollten, verteilten wir an sämtliche 20 000 Mitarbeiter ein Büchlein mit rotem Umschlag mit dem Titel »Wir packen es gemeinsam an!«, das bald den Spitznamen »das rote Büchlein« bekam. Das Büchlein war ein Medium zur Darstellung unserer Gesamtvision und unserer Unternehmensstrategie sowie der Erwartungen, die wir an die Mitarbeiter stellten.

Viele hielten das kleine rote Büchlein für zu stark vereinfachend, um die vielen intellektuellen und hochqualifizierten Angestellten der SAS ansprechen zu können. Auf jeder Seite standen nur wenige groß gedruckte Wörter, und es enthielt viele karikierte Zeichnungen eines Flugzeugs, das lachte, eine Grimasse zog, sogar im Sturzflug die Flügel vor die Augen hielt.

Ob vereinfachend oder nicht, das rote Büchlein war ein wirksames unternehmensinternes Kommunikationsmittel. Nachdem wir die alte hierarchische Struktur abgebaut hatten, konnten wir unseren Mitarbeitern nicht einfach *befehlen*, die Dinge nun anders zu machen. Statt dessen mußten wir ihnen unsere unternehmerische Vision vermitteln und sie davon *überzeugen*, daß sie für die Durchführung dieses Konzepts Verantwortung übernehmen konnten und sollten. Und genau dies tat das rote Büchlein, in Wort und Bild.

In vielen Fällen, in denen wir unsere Mitarbeiter motivierten und innerhalb des Unternehmens neue Kräfte freisetzten, geht es eigentlich ums Informieren, Überzeugen, Inspirieren – mit einem Wort, ums Kommunizieren. In einem dezentralisierten, kundenorientierten Unternehmen wendet ein guter Manager mehr Zeit für die Kommunikation auf als für irgendeine andere Tätigkeit. Er muß mit den Mitarbeitern reden, damit sie sich alle weiterhin für die gleichen Ziele einsetzen, und er muß mit seinen Kunden kommunizieren, um sie über die neuen Aktivitäten und Dienstleistungen des Unternehmens auf dem laufenden zu halten.

Vom ersten Tag meiner Tätigkeit bei der SAS an machte ich die Kommunikation, besonders mit Mitarbeitern, zur Priorität. Während des ersten Jahres verbrachte ich sogar genau die Hälfte meiner Arbeitszeit »im Feld« beim Gespräch mit SAS-Mitarbeitern. Immer wenn drei Mitarbeiter irgendwo versammelt waren, hieß es damals, tauche sicher bald Jan Carlzon auf, um sich mit ihnen zu unterhalten. Es war meine Art, Verantwortung auf mich zu nehmen und zu zeigen, daß meine Begeisterung und mein Engagement echt waren.

In einem hierarchischen Unternehmen, in dem der Chef die Anweisungen erteilt, bleibt es den Mitarbeitern überlassen, diese Anweisungen auszulegen. Der Chef braucht nur dafür zu sorgen, daß er seine Nachricht in die richtigen Worte kleidet. In einer Firma wie der SAS aber muß ein Unternehmensleiter, der seine Strategie Tausenden von dezentralisierten Entscheidungsträgern vermittelt, die wiederum die allgemeine Strategie im Einzelfall anwenden müssen, sehr viel weiter gehen. Anstatt seine Nachricht einfach nur zu verkünden, muß er sich vergewissern, daß jeder Mitarbeiter sie auch wirklich verstanden und aufgenommen hat. Er muß umgekehrt verfahren, d.h. sich die Worte überlegen, die der Empfänger am besten aufnehmen kann, und sie sich aneignen.

Mag sein, der Unternehmensleiter ist dadurch gezwungen, sich einer klareren, offeneren Sprache zu bedienen. Eine zu stark vereinfachende Ausdrucksweise ist aber gar nicht möglich. Es ist besser, sich zu deutlich oder zu einfach auszudrücken, als das Risiko einzugehen, daß einer Ihrer Mitarbeiter Ihre Botschaft mißversteht. Das rote Büchlein war ein klassisches Beispiel.

Klare und einfache Botschaften, von einer Führungskraft herausgegeben, helfen, Ziele zu setzen, auf die jeder hinarbeiten kann. Als z.B. Präsident John F. Kennedy erklärte: »Ich möchte bis 1970 einen Mann auf den Mond bringen«, steckte er damit ein Ziel für die ganze Nation. Er war ja nicht derjenige, der die eigentliche Arbeit verrichten würde; sein wesentlicher Beitrag bestand in dieser einzelnen, bündigen Aussage. Sie lenkte die wissenschaftlichen Bemühungen in die gleiche Richtung.

Als Hakon Sundin vor sechs Jahren zum neuen Trainer der schwedischen Eishockey-Nationalmannschaft ernannt wurde, lautete seine erste Mitteilung an die Presse: »In drei Jahren sind wir Weltmeister.« Auf diese kühne Behauptung folgte eine Reihe peinlicher Niederlagen gegen die Russen, die schon ewig amtierenden Weltmeister. Jeder war davon überzeugt, daß die Russen immer die ersten sein würden und Schweden den zweiten Platz bereits als Sieg betrachten sollte. Durch seine Äußerung leitete Sundin eine völlige Wende ein. Auch wenn ihm anfangs noch keiner glaubte, errang Schweden drei Jahre später tatsächlich die Weltmeisterschaft.

Die wirkungsvollsten Botschaften sind einfach und direkt, eine Art Schlachtruf für Mitarbeiter auf allen Ebenen des Unternehmens. Dabei brauchen sie keineswegs hochtrabend oder auch nur originell zu sein.

Nach einem Vortrag bekomme ich oft von Leuten zu hören: »Das war eine phänomenale Art und Weise, etwas im Grunde genommen offensichtliches noch einmal ganz deutlich zu machen.« Ich bin mir nie sicher, ob sie das als Kompliment meinen. Vielleicht wissen sie es selbst nicht so genau. Ich glaube aber, ich habe meine Botschaft erfolgreich vermittelt, wenn meine Aussage einleuchtend ist. Es heißt, ich hätte eine Ausdrucksmöglichkeit gefunden, die Resonanz findet. Kurzum, ich habe meine Zuhörer erreicht.

Diese Kommunikationsfähigkeit war mir während der ersten Zeit bei Linjeflyg und bei der SAS eine große Hilfe. Indem ich den Mitarbeitern zuhörte und mich unkompliziert ausdrückte, konnte ich ihre Gedanken artikulieren. Ihre Anregungen prägten nicht nur mein eigenes strategisches Denken, sondern umgekehrt half mir auch der hier beschriebene Ansatz, ihre Unterstützung zu gewinnen, und so verhalf er auch dem Unternehmen zur Erreichung seiner Zielsetzungen.

Es ist gar keine Frage, daß diese Art der Kommunikation mehr von einer Führungskraft verlangt als nur ein bißchen »Showmanship«. Wenn Sie wirksam führen wollen, dürfen Sie nicht schüchtern oder zurückhaltend sein. Wissen, wie man vor einem großen Publikum auftritt und wie man die Zuhörer dazu überredet, einem die Botschaft »abzukaufen«, ist eine wesentliche Führungsqualität – fast so wesentlich wie die Fähigkeit zu planen oder kalkulieren.

Mir wird oft gesagt, ich käme im Fernsehen gut an; ich bin aber davon überzeugt, daß es nicht an besonders originellen Ideen liegt, sondern weil ich vermeide, sie mit einem Wortschwall zu präsentieren, den das Publikum möglicherweise nicht versteht. Mein Ziel ist, zu überzeugen, und nicht zu beweisen, daß ich schlauer bin als alle anderen.

Nehmen wir die öffentliche Debatte zur Frage der Einkommenssteuer während des schwedischen Wahlkampfes im Jahre 1970. Nach 40 Jahren sozialistischer Regierung lag die Spitzensteuerklasse in Schweden bei etwa 90 Prozent. Wie viele andere auch argumentierte ich, daß die Regierung bei einer Reduzierung des Höchstsatzes auf 50 Prozent ein *höheres* Steueraufkommen erzielen würde – sozusagen eine schwedische Variante der »Laffer-Kurve«. Da ich fest entschlossen war, ein paar Köpfe umzustimmen, mußte ich die Leute dazu bringen, die alten Argumente neu zu hören.

Ich errechnete, daß die Einkommenssteuern oberhalb der 50-Prozent-Marke dem Staat 1,5 Millarden Dollar pro Jahr einbrachten. So sagte ich im Fernsehen: »Ich bin bereit, 1,5 Milliarden Dollar in einer Stahlkammer wegzuschließen und den Schlüssel unseren politischen Führungskräften zu übergeben. Wenn sie meinem Rat folgen und den höchsten Steuersatz senken, wird es Schweden besser gehen – und dann will ich neben der Rückerstattung meiner 1,5 Milliarden Dollar in Zukunft auch ein Mitspracherecht in der Finanzpolitik haben. Liege ich falsch mit meiner Annahme, dann kann die Regierung das Geld behalten und das Land verliert keine Steuereinkünfte.

Man hielt mir vor, das Ganze sei nur ein Gag gewesen, und gewissermaßen stimmte das auch, denn ich hätte mit Sicherheit keine 1,5 Milliarden Dollar übrig gehabt, um sie der schwedischen Regierung zu schenken. Doch da ich meine Botschaft so verkleidet hatte, traf ich voll ins Schwarze. Die Geschichte kam in die Zeitungen der ganzen Welt. Aus einer kleinen Stadt in Florida schrieb mir ein gewisser »Colonel Faithful« einen Brief, in dem er mir für meinen Vorschlag seine Anerkennung aussprach. »Junger Mann«, schrieb er, »auch wenn es sich wirklich um Ihre letzten 1,5 Milliarden Dollar handeln sollte, haben Sie jedenfalls auf das richtige Pferd gesetzt.« Selbst jenseits des Atlantiks hatte ich einen Nerv getroffen, und zwar in gleichem

Maße wegen der Art und Weise meines Vortrags wie aufgrund der Idee selbst.

»Showmanship« verlangt manchmal viel Engagement, um die Botschaft »rüberzubringen«. Der Unterhaltungskünstler, der nichts von sich selbst vermittelt, wird nie sein Publikum erreichen, und mag seine Darbietung noch so vollendet sein. Gleiches gilt für den Chef eines Unternehmens.

Ein einziges Mal hielt ich einen Vortrag nach einem vorbereiteten Manuskript. Es war ein völliger Reinfall. Der Inhalt stimmte und es war ein gut ausgedachter, wohlformulierter Text. Nur konnte ich nicht gut Texte ablesen.

Dagegen habe ich hunderte von Reden und Vorträgen gehalten, in denen ich mich auf keinen vorgefertigten Text, sondern allein auf meine Überzeugung verließ. Das erlaubte mir, ein wenig auszuholen, von Sachen zu erzählen, die sich eben erst ereignet haben, oder meine Worte unmittelbar der Situation anzupassen. Im zweiten Kapitel berichtete ich von dem Tag, an dem ich den Linjeflyg-Mitarbeitern die neue Geschäftsstrategie vorstellte. Ich hatte eine ernste und nüchterne Ansprache darüber vorbereitet, wie sehr sich das Leben in Schweden geändert habe und sich Linjeflyg deshalb auch verändern müsse, doch ich begriff sofort, daß die Stimmung für die vorbereitete Ansprache viel zu festlich war. Ich mußte aus dem Stegreif handeln, um der aufgeregten Stimmung gerecht zu werden.

Diese Grundsätze gelten auch für die Kommunikation nach außen, für Werbung, PR und allgemeine Imagepflege. Wenn Sie nicht imstande sind, Ihren Kunden Ihre Geschäftsstrategie deutlich mitzuteilen, dann hätten Sie genausogut auf die Ausarbeitung verzichten können. Erinnern Sie sich noch an den »Y50«-Tarif der SAS, den erstaunlichen 50-prozentigen Preisnachlaß auf Standby-Tickets für Jugendliche? Niemand verstand, was Y50 bedeutet. Doch jeder verstand sofort die Bedeutung von Linjeflyg's »Hunderterschein«-Tarif. In diesem Fall war es nicht so sehr die Idee, die Hunderttausende neue Kunden heranlockte, als vielmehr die Art und Weise der Übermittlung unserer Botschaft.

Als wir mit der Neuorganisierung der SAS begannen, spotteten viele unserer Kritiker über unsere Bemühungen und bezeichneten sie als bloße »Werbegags«. Sie warfen uns zu starke Marketingorientierung vor, aber tatsächlich hatten wir unseren Marketing-Etat um keinen Pfennig erhöht. Statt dessen setzten wir unser Geld wirksamer für leicht verständliche Nachrichten ein.

Früher hatte sich unsere Werbung auf eher vage und allgemein gehaltene Slogans wie »Gebt den Schweden die Welt« gestützt. Eine solche Anzeige bleibt nur wenigen in Erinnerung, und noch geringer ist die Zahl derjenigen, die den beabsichtigten Sinn erfassen. Deshalb entwarfen wir bei der Einführung unserer Euro-Class Ankündigungen wie »Jetzt brauchen Sie nicht mehr anzustehen!«; »Neue Lounges für Geschäftsreisende!«; »Sie müssen sich um einen guten Platz nicht schlagen«; und »Fast so gut wie Erste Klasse – und das zum Economy-Tarif!«. Weit davon entfernt, bloße Werbeparolen zu sein, vermittelten solche Aussagen solide Informationen, die Flugreisende bei der Wahl einer Fluggesellschaft berücksichtigen konnten.

Bei der Kommunikation geht es um mehr als nur Worte und Werbebilder: Es geht auch um Symbolgehalte. Alles an einer Führungspersönlichkeit hat Symbolkraft, vom Lebensstil und von der Kleidung bis hin zum Verhalten. Ich kann mich an ein Beispiel aus meiner Zeit bei Linjeflyg erinnern. Dort waren die Büroräume unsäglich langweilig; der Chef aber hatte nicht nur ein großes, helles Zimmer zur Straße hin, sondern er verfügte auch über einen eigenen Speisesaal mit Platz für acht Personen. Wer dort mitessen durfte, genoß hohes Ansehen.

Es war offensichtlich, daß der Chefspeisesaal abgeschafft werden mußte. Die kleine Firma Linjeflyg setzte mit einem solch prätentiösen Speisesaal ganz falsche Zeichen. Dort selbst zu essen würde ein ungeliebtes Image stillschweigend unterstützen. In den ersten Wochen verließ ich also während der Mittagspause das Bürogebäude und holte irgendwo ein Würstchen.

Ich suchte immer noch nach der passenden Gelegenheit, den Chefspeisesaal zu schließen, als einer meiner Manager eines Tages vorschlag, einen bessern Kontakt mit unseren Mitarbeitern zu pflegen.

»Hervorragende Idee!« sagte ich. »Fangen wir doch damit an, indem wir mit allen anderen zu Mittag essen. Wir schaffen den Chefspeisesaal ab!« Ohne weiter Zeit zu verlieren, schoben wir meinen Schreibtisch in den Speisesaal und verwandelten mein früheres Arbeitszimmer in einen Konferenzraum für den ganzen Betrieb – eine Einrichtung, die wir dringend benötigten.

Mittlerweile hatte die Geschäftsleitung angefangen, in der Betriebskantine ihr Mittagessen einzunehmen. Es war ein deutliches Zeichen, daß es uns bei Linjeflyg um die Zusammenarbeit ging – und nicht darum, sich größere Arbeitszimmer zu sichern. Jeder erkannte, daß von nun an Resultate zählten statt Prestige.

Die Eigenarten einer Führungspersönlichkeit werden sorgfältig beobachtet und von anderen in der Firma übernommen. Durch deren Verhalten wiederum beginnt die Persönlichkeit des Chefs, das ganze Unternehmen zu durchdringen.

In allen Firmen beklagt sich die Geschäftsleitung über die schlechten Gewohnheiten der Mitarbeiter. Würden sie aber diese Verhaltensmuster einmal näher betrachten, sähen sie, daß diese normalerweise von der Spitze ausgehen. Vor kurzem machten wir uns in der SAS-Geschäftsleitung Gedanken um die extrem hohe Zahl von Geschäftsreisen, die SAS-Mitarbeiter machten. Es ging so weit, daß ganze Gruppen in andere Städte flogen, nur um einige ablauftechnische Details zu besprechen! Wir hatten jedoch nicht sofort daran gedacht, daß acht Mitglieder der obersten Geschäftsleitung kürzlich beschlossen hatten, eine Woche in der Sowjetunion zu verbringen, eine Reise, die nur am Rande etwas mit SAS-Geschäften zu tun hatte. Ich griff ein und sagte die Reise ab, doch war es schon zu spät, um das Gerede zu stoppen, das sich in der ganzen Firma verbreitet hatte: »Wenn die es sich erlauben, dann erlauben wir es uns auch!«

Führungskräfte sollten sich darüber im klaren sein, in welchem Maße die nichtverbale Kommunikation dazu beitragen kann, den Stil vorzugeben, an dem sich die anderen Mitarbeiter orientieren. Dadurch schaffen die Führungskräfte auch das Image des Unternehmens seinen Kunden gegenüber.

Als ich bei der Linjeflyg anfing, reiste ich erst einmal zu verschiedenen Flughäfen. Gegen Ende eines dieser Besuche spürte ich Unruhe unter den Mitarbeitern, konnte mir aber nicht erklären warum. Dann wies ein Mitarbeiter taktvoll darauf hin, sie würden darauf warten, daß ich an Bord des Flugzeugs ginge.

»Ist es denn schon so weit?« fragte ich. »Ich habe noch keine Durchsage gehört.«

»Nein, aber wenn Sie jetzt einsteigen und sich ihren Sitzplatz aussuchen, dann können wir auch die anderen Passagiere an Bord lassen.«

Wenn Sie durch Ihr Handeln den Eindruck vermitteln, Sie seien selbst Ihren Kunden überlegen, können Sie sich kaum als marktorientiert bezeichnen. Ich kam gerade aus der stark konkurrenzorientierten Pauschalreisenbranche, in der es undenkbar war, vor einem Reisegast den Vortritt zu haben. So wartete ich, bis alle anderen an Bord waren und freute mich, als dann für mich noch ein Platz frei war.

Bei der SAS verteilen wir an Bord Zeitschriften und Zeitungen. Die Menge reicht nicht immer für alle aus, und manchmal versuchte die Kabinenbesatzung, nett zu sein, und mir die erste Wahl zu lassen. »Kommt nicht in Frage,« sagte ich ihnen. »Ich nehme nichts, bis ich nicht sicher bin, daß alle Passagiere das bekommen haben, was sie wollen!«

Ich habe mehrmals gehört, das Kabinenpersonal würde diese winzigen, symbolischen Gesten so auslegen: »Selbst die oberste Geschäftsleitung hilft mit, den Fluggästen einen guten Service zu bieten. Das zeigt, daß sie auch *unsere* Arbeit achten.« Indem wir demonstrieren, daß wir erst nach den Kunden an der Reihe sind, zeigen wir unseren Mitarbeitern – und unseren Kunden – wie die richtige Reihenfolge sein muß.

Ein gutes Beispiel zu geben, ist tatsächlich das wirksamste Kommunikationsmittel – und ein schlechtes zu geben, ist katastrophal! Die meisten traditionell eingestellten Manager umgeben sich gerne mit nahezu kaiserlichem Pomp. Wenn aber der Kunde an erster Stelle steht, kann man sich diese Haltung einfach nicht leisten.

Kapitel 9
Aufsichtsräte und Gewerkschaften

Als wir beschlossen, den Service der SAS zu verbessern, murrten die Flugbegleiter, sie könnten einen viel besseren Service erbringen, wenn wir ihnen neue Servierwagen für die Verteilung von Speisen und Getränken an Bord der Flugzeuge zur Verfügung stellten.

Es lag auf der Hand, daß neue Wagen besonders auf Kurzflügen viele kostbare Minuten bei der Bedienung der Fluggäste einsparen würden. Die alten, verschlissenen Wagen auszutauschen, würde jedoch 2 Millionen Dollar kosten. Wer mochte einen solchen Betrag für etwas so Triviales wie neue Speise- und Getränkewagen bewilligen, wo die Fluggesellschaft doch Verluste von über 20 Millionen Dollar im Jahr verzeichnete?

Die Frage der Anschaffung neuer Servierwagen hatte schon fünf Jahre, bevor ich zur SAS kam, ständig zur Diskussion gestanden, und während dieser ganzen Zeit drückten sich Geschäftsleitung und Aufsichtsrat erfolgreich um eine endgültige Entscheidung. Wie konnten sie die Rentabilität der Investition kalkulieren, wenn sie keine genaue Vorstellung davon hatten, wie die Wagen ins strategische Gesamtkonzept hineinpaßten?

Als aber unsere neue kundenorientierte Strategie einmal feststand – nachdem ihr vom Aufsichtsrat begeistert zugestimmt worden war –, wurden die Wagen in der Tat zu einem wichtigen Bestandteil jener Strategie. Und da die Aufsichtsratsmitglieder unserer Gesamtstrategie bereits ihre Zustimmung gegeben hatten, mußten wir uns hinsichtlich dieses Teilaspektes nicht an sie wenden. Wir bewilligten die 2-Millionen-Ausgabe selbst.

Im vorliegenden Buch war bisher viel davon die Rede, wie den Führungskräften auf mittlerer Ebene und den Mitarbeitern an der Kundenfront die Firmenstrategie vermittelt werden kann. Diese Information brauchen sie, um im Rahmen eines dezentralisierten Unternehmens ihre Arbeit gut verrichten zu können. Es gibt aber auch andere Gruppen innerhalb der Firma, die über die Gesamtstrategie informiert sein müssen, um ihren Beitrag zum Konzernresultat zu leisten. Die Geschäftsleitung eines Unternehmens betrachtet Gewerkschaften oft als den Feind und den Aufsichtsrat bestenfalls als die Instanz, auf die man die eigentliche Verantwortung abwälzen kann. In Wirklichkeit aber bilden beide Gruppen wertvolle Ressourcen, die es unbedingt einzusetzen gilt, um solche leistungsstarken, kundenorientierten Ziele, wie wir sie uns bei der SAS gesteckt haben, in die Tat umzusetzen.

Erstaunlicherweise teilen viele Führungsmannschaften ihre globale Unternehmensstrategie dem Aufsichtsrat nicht mit. Viele Unternehmenschefs haben vor dem Aufsichtsrat sogar richtiggehend Angst. Ein mir bekannter Aufsichtsratsvorsitzender versuchte, den Präsidenten in Verlegenheit zu bringen, indem er jede Aufsichtsratssitzung mit der Frage eröffnete: »Sollen wir den Präsidenten feuern?«

Unternehmensleiter, die sich durch den Aufsichtsrat eingeschüchtert fühlen, behalten ihre unternehmerische Vision für sich und speisen den Aufsichtsrat mit Informationshappen ab, die nur den Führungsstab in einem guten Licht dastehen lassen sollen. Gleichzeitig delegieren sie »nach oben«, indem sie auch relativ unbedeutende Fragen dem Aufsichtsrat zur Entscheidung vorlegen, um sie dem Unternehmen dann als Aufsichtsratsbeschluß zu verkünden. Die Entscheidung erlangt Gesetzeskraft, da keine höhere Instanz vorhanden ist, bei der man Berufung einlegen könnte. Diese Gesetze werden durch das ganze Unternehmen bis zum Kunden weitergegeben, wo sie dann angewendet werden.

Diese Verfahrensweise verschwendet nicht nur Zeit und erstickt die Motivation der Mitarbeiter, sie verhindert auch die Ausschöpfung der gesammelten geschäftlichen Erfahrungen der einzelnen Mitglieder. Ein Aufsichtsrat, der nicht über die umfassende Strategie unterrichtet ist, wird sich schwer tun, die logische Grundlage bestimmter Anträge des Managements zu verstehen.

Wenn Sie jedoch den Aufsichtsrat darum bitten, an der Ausarbeitung der Unternehmensvision mitzuwirken, nutzen Sie dieses Gremium auf sinnvolle Weise. Der Aufsichtsrat kann sich auf übergeordnete strategische Fragen konzentrieren, anstatt sich in Detailfragen zu verzetteln, die besser durch andere Kräfte innerhalb des Unternehmens erledigt werden.

Da Gewohnheiten aber schwer zu verändern sind, fühlt sich der Aufsichtsrat möglicherweise hintergangen, wenn er nicht bei allen Entscheidungen mitredet. Das ist keine einfache Situation! Wenn die oberste Geschäftsleitung Entscheidungsgewalt, Verantwortung und Autorität an andere innerhalb des Unternehmens weitergibt, der Aufsichtsrat aber darauf besteht, an der Entscheidung auch von Detailfragen beteiligt zu sein, kommt das ganze System ins Wanken. Ein gutes Gleichgewicht zwischen Aufsichtsrat, oberster Geschäftsleitung und Betrieb zu finden, ist zugegebenermaßen eine heikle Angelegenheit.

Indem er aber den Aufsichtsrat von kleineren Entscheidungen und dem damit verbundenen Papierkrieg befreit, kann der

Unternehmenschef die Aufsichtsratsmitglieder als Verbündete in strategisch wichtigen Fragen gewinnen und aus dem großen Reservoir schöpfen, das deren weitreichende geschäftliche Erfahrungen für das Unternehmen darstellen.

Hätte ich 1978 dem Aufsichtsrat von Linjeflyg den üblichen Vorschlag bezüglich einer Senkung der Flugtarife unterbreitet, so hätte er zur Untermauerung des Vorhabens eine Reihe ausführlicher Kalkulationen verlangt. Statt dessen stellte ich die Tarifsenkung in den Rahmen eines viel größeren Konzeptes, das unter anderem auch eine Erhöhung der Flugfrequenzen und ein erweitertes Werbeprogramm vorsah. Der Aufsichtsrat willigte ein aufgrund des gleichen intuitiven Gefühls, das mich dazu gebracht hatte, den Antrag zu stellen. »Legen Sie los!«, antworteten sie einstimmig.

Bei der SAS war die Unterstützung der Gesamtvision durch den Aufsichtsrat von absolut entscheidender Bedeutung. Der eingeschlagene Weg machte es notwendig, in einem für die SAS verlustreichen Jahr und während einer allgemeinen Marktflaute beträchtliche Geldsummen zu investieren. Bewundernswerterweise verstanden die Aufsichtsratsmitglieder – mit Haldor Topsoe, unserem dänischen Vorsitzenden an ihrer Spitze – unser übergeordnetes Ziel, das Unternehmen umzugestalten, ohne uns auf das Wachstum des Marktes zu verlassen. Topsoe half sogar mit, unseren Plan zu erklären – ohne eine Fülle von ausführlichen Kalkulationen und Untersuchungen zu verlangen. Ich war in dem Augenblick sehr aufgeregt, als der Gesamtplan dem Aufsichtsrat vorgelegt wurde. »Augenblick« ist vielleicht das falsche Wort – es wurde ein mehrstündiger Monolog!

Nachdem ich ihnen einen Gesamtüberblick vermittelt hatte, nahmen die Mitglieder des Aufsichtsrats unsere Vorschläge ohne Vorbehalte an. »Erreichen Sie das Ziel«, hieß die Anweisung. Wie wir es machten, blieb uns überlassen. Grob gesagt lautete die uns vom Aufsichtsrat vorgegebene Richtlinie: »Kehrt die Talfahrt um und sorgt für Gewinne. Rechnet aber *nicht* mit einer positiven Marktentwicklung!«

Tatsächlich hatte der Markt seit Jahren bis zu diesem Zeitpunkt ein stetiges Wachstum verzeichnet, und man war an stabile, fast automatische Gewinne gewöhnt. Nun war das Wachstum aber plötzlich zum Stillstand gekommen, und praktisch jeder in der Branche mußte Verluste einstecken. Unsere Aufgabe bestand darin, die Geschicke des Unternehmens zu wenden: So lautete unser übergeordnetes Ziel. Wie wir es anstellten, blieb mehr oder weniger uns überlassen. Der Aufsichtsrat schaffte es, der Veränderung den Weg zu bahnen, sich auf eine neue strategische Richtung einzustellen und die Details unsere Sache sein zu lassen – obwohl diese »Details« sich auf etwa 50 Millionen Dollar beliefen.

Ich konsultiere oft privat die drei Vorsitzenden des SAS-Aufsichtsrats – nicht um mit ihnen jedes Detail durchzukauen, sondern um nachzuprüfen, ob ich nach wie vor den richtigen Kurs steuere. Die drei sind führende skandinavische Geschäftsmänner: ein norwegischer Bankier, ein schwedischer Industrieller und ein dänischer Ingenieur und Unternehmer. Ihre gesammelten Sachkenntnisse stellen eine hervorragende Hilfsquelle dar, und ich nutze sie regelmäßig als Resonanzboden, bevor ich mich an den Aufsichtsrat in seiner Gesamtheit wende.

Die Gewerkschaften sind ein weiterer Dorn im Auge vieler Unternehmensleiter. Gewerkschaften haben aber auch die Möglichkeit, zu den unternehmerischen Bemühungen einen entscheidenden Beitrag zu leisten.

Im hierarchisch aufgebauten Unternehmen repräsentieren die Gewerkschaften jene Mitarbeiter, die am Sockel der Pyramide sitzen und Anweisungen und Richtlinien entgegennehmen. Deshalb ist es die Aufgabe der Gewerkschaften, Entscheidungen, die die Unternehmensleitung bereits getroffen hat, im Namen der Mitarbeiter zu überprüfen und in Frage zu stellen. Somit dienen die Gewerkschaften dazu, den Führungsprozeß abzubremsen.

Doch bei einer Dezentralisierung des Entscheidungsprozesses verändert sich die Rolle der Gewerkschaften grundlegend. Wenn die Mitglieder als Teil ihrer neuen Rolle ständig Entscheidungen treffen, können sich die Gewerkschaften nicht mehr diesen Entscheidungen widersetzen. Man kann sich nicht gegen die Menschen stellen, deren Interessen man vertritt. Statt dessen müssen die Gewerkschaften zum *Partner* ihrer Mitglieder und der Unternehmensleitung werden.

In einem Unternehmen wie SAS, in dem die Entscheidungsfindung dezentralisiert ist, haben die Gewerkschaften heute drei Funktionen zu erfüllen.

Die erste und wichtigste ist die Kooperation. Gemeinsam mit der obersten Geschäftsleitung wirken die Gewerkschaften mit bei der Analyse, Diskussion und Aufstellung der allgemeinen Richtung und Strategie des Unternehmens. Zusammen mit den Führungskräften auf mittlerer Ebene beteiligen sich die Gewerkschaften am Erwerb und an der Verteilung von Ressourcen, setzen die Ertragszielvorgaben fest, arbeiten Richtlinien für Investitionen aus usw. Bei den Mitarbeitern an der Kundenfront sind die Gewerkschaften naturgemäß damit beschäftigt, diese jetzigen Entscheidungsträger zu unterstützen.

Die zweite Funktion der Gewerkschaften ist in etwa die eines unternehmensinternen Wirtschaftsprüfers. Ihre Aufgabe besteht darin, kritisch zu untersuchen, inwieweit das Unternehmen die Arbeitsgesetzgebung bzw. Tarifvereinbarungen einhält.

Die dritte Funktion ist eher traditioneller Art; Gewerkschaften müssen sich bei Tarifverhandlungen noch immer mit an den Verhandlungstisch setzen. Nachdem die Gewerkschaften aber nun die Betriebsabläufe und -ausgaben entscheidend mitgeprägt haben, können sie nicht mehr eine Gegnerrolle einnehmen, die die Gesamtstrategie des Unternehmens untergräbt. Das würde auch nichts bringen, da sie ja schon die ganze Zeit am Aufbau der strategischen Grundlage der Unternehmenspolitik beteiligt waren.

Gewerkschaften, die diese Funktionen akzeptieren, tragen zu dem Führungsprozeß etwas Vitales bei, anstatt für ihn eine Bedrohung darzustellen. Aufgrund der Beziehungen zu ihren Mitgliedern verfügen die Gewerkschaften über einen großen Fundus an Wissen, Ideen und Meinungen, zu denen die Unternehmensleitung auf anderem Wege keinen Zugang hätte, und sie besitzen ein Netz von Kontakten innerhalb des Unternehmens, das dem Management fehlt.

Aus dem Munde eines Wirtschaftsführers mögen diese Ideen ketzerisch klingen. Ich glaube aber, daß die gesellschaftliche Entwicklung bald Gewerkschaften wie Geschäftsleitungen zwingen wird, ihre Beziehung neu zu definieren und ihre traditionsgemäß auf Gegnerschaft ausgerichteten Rollen abzulegen. Zuerst müssen sich aber die gesellschaftlichen Voraussetzungen ändern. Erst nachdem Unternehmen ihre Ziele, ihren Organisationsaufbau und ihre Betriebsabläufe der neuen gesellschaftlichen Entwicklung angepaßt haben, können Gewerkschaften damit beginnen, ihre eigene Organisation ebenfalls anzupassen. Wenn dieser Punkt erreicht ist, werden die Gewerkschaften die Unternehmen und diese wiederum die Gesellschaft beeinflussen.

Die Bedingungen innerhalb unserer Gesellschaft ändern sich bereits jetzt. In den sechziger Jahren setzten die Gewerkschaften und die Sozialdemokraten in Schweden einige grundlegende Veränderungen in der Gesetzgebung durch, die schließlich 1977 zur Verabschiedung des neuen Gesetzes über die Beteiligung der Arbeitnehmer an Unternehmensentscheidungen führte – auch unter der Bezeichnung Mitbestimmungsgesetz bzw. unter den Anfangsbuchstaben seines schwedischen Namens, MBL, bekannt. Das MBL verpflichtet Unternehmen, ihren Mitarbeitern mehr Informationen zufließen zu lassen und mit den Gewerkschaften über größere Veränderungen innerhalb des Unternehmens zu verhandeln. Die Verabschiedung dieser Gesetze war eine Bestätigung des gesellschaftlichen Wandels.

Obwohl wir durch das MBL der horizontalen Gesellschaft nähergekommen waren, hatten die Unternehmen mit den Veränderungen nicht Schritt gehalten und wußten nicht, wie sie sich den neuen Bedingungen anpassen sollten. Die meisten Manager reagierten negativ und argumentierten: »Mit dem MBL wird es nicht effizient genug zugehen. Alles wird zu langsam ablaufen.« Die MBL-Gesetze wurden verabschiedet, bevor der Bewußtseinswandel in den Unternehmen wirklich Fuß gefaßt hatte. Das MBL innerhalb des alten Organisationsaufbaus anzuwenden, war genauso sinnlos, wie wenn man versuchen würde, ein mittelalterliches Schloß mit Tesa-Film zu reparieren. Indes wurde die Rolle der Gewerkschaften sowie die zentralisierte Struktur der gesamten Gewerkschaftsbewegung gefestigt.

Doch als wir die SAS dezentraler gestalteten, nutzten wir das MBL zu unserem Vorteil. Wir richteten den Airline-Council ein, einen Betriebsrat, durch den die Gewerkschaften an der Erörterung strategischer Führungsfragen teilnehmen. Wir haben auch Räte innerhalb der Abteilungen, in denen Gewerkschaftsvertreter sich an der Verteilung der Geld- und Sachmittel beteiligen. Wir besitzen keine formalen Strukturen für die Gewerkschaftsbeteiligung an der Kundenfront, aber wir gehen davon aus, daß die Gewerkschaften ihre Mitglieder dort unterstützen, und wir versuchen, den Gewerkschaften zu helfen, ihre Strukturen den unsrigen anzupassen.

Wir wissen, daß die Gewerkschaften die Veränderungen bei der SAS sorgfältig beobachten. Da unsere neue Organisation es uns ermöglicht, eine direkte Rückkoppelung mit den Kunden herzustellen, erkennen die Gewerkschaften immer mehr die Notwendigkeit, ihre eigene Hierarchie einzuebnen, damit sie schneller handeln und so Schritt halten können. Wir in der Geschäftsleitung müssen den Gewerkschaften die Möglichkeit geben, unsere Entwicklungsprozesse zu begreifen.

Zwar könnte die Anwesenheit von Gewerkschaftsvertretern eine freimütige, offene Diskussion verhindern – und am Anfang verhielten sich unsere Manager auch wirklich anders auf Sitzungen, bei denen die Gewerkschaften vertreten waren – und doch änderte sich das mit der Zeit. »Darüber brauchen Sie sich keine Sorgen zu machen«, sagte mir einmal ein Gewerkschaftsvertreter, als wir uns über das Problem unterhielten. »Wir haben auch erkannt, daß Sie Menschen sind.«

Fällt es Managern schwer, sich an die neue Situation zu gewöhnen, so ist es für die Gewerkschaftsfunktionäre keineswegs leichter. Die Dynamik gegnerischen Denkens ist tief verwurzelt. Vielen gewählten Funktionären erscheint das Mißtrauen gegenüber der Geschäftsleitung und deren Vorstellungen als natürlich und gerechtfertigt. So ist es verständlich, daß Gewerkschaftsführer skeptisch reagieren, wenn die Geschäftsleitung die Gewerkschaften auffordert, bei der Ausarbeitung der Unternehmensstrategie mitzuwirken.

Bei der SAS ist es uns noch immer nicht ganz gelungen, die Gewerkschaftsvertreter davon zu überzeugen, daß ihre neue Funktion sowohl attraktiver als auch einflußreicher ist. Doch weisen wir sie stets darauf hin, wie wenig sie ausrichten, wenn sie nur auf relativ unbedeutende und bereits getroffene Entscheidungen der Geschäftsleitung reagieren. Erklären sie sich hingegen bereit, die Verantwortung für größere strategische

Entscheidungen und längerfristige Planungen mitzutragen, dann werden auch andere Entscheidungen mehr nach ihrem Gefallen sein.

Frühzeitiges und häufiges Zurateziehen ist wichtig für die Zusammenarbeit sowohl mit den Gewerkschaften als auch mit dem Aufsichtsrat. Wenn diese beiden Gruppierungen die übergeordnete Unternehmensvision verstehen und sich zu eigen machen, dann gestalten sich ihre Beziehungen mit der Geschäftsleitung nicht nur kooperativer, sondern ihre Beteiligung und der Beitrag, den sie zu leisten vermögen, erweisen sich als wirklich unverzichtbar für die neue Organisation. Anstatt sich in Einzelentscheidungen oder -fragen zu verlieren, sind sie dann in der Lage, das Gesamtbild vor Augen, größere Verantwortung zu tragen.

Für *jede* Gruppe oder Einzelperson gilt meines Erachtens sogar, daß man nur dann Verantwortung übernehmen kann, wenn man die Gesamtsituation überschaut. Ich lasse Aufsichtsrat, Gewerkschaften und Mitarbeiter routinemäßig teilhaben an meinem Wissen darüber, an welchem Punkt das Unternehmen angelangt ist und in welche Richtung es sich bewegen sollte. Denn wenn die Vision Realität werden soll, muß es auch *ihre* Vision sein.

Kapitel 10
Erfolgskontrolle

Als ich die Führung der SAS übernahm, war einer der Bereiche, den es neu zu überdenken galt, unsere Luftfracht-Organisation. Im Sinne einer Maximierung von Effizienz und Rentabilität versuchen Fluggesellschaften, die »leeren Bäuche« der Passagierflugzeuge mit Luftfracht zu füllen. So hatte die SAS-Luftfrachtabteilung ihre Leistung stets daran gemessen, wieviel Fracht befördert bzw. wie voll die »Bäuche« der Flugzeuge gestopft wurden.

Bald erkannten wir, daß wir einen falschen Maßstab angelegt hatten und einem »Chef-Etage«-Ziel nachgegangen waren, das mit den Bedürfnissen unserer Luftfrachtkunden nichts zu tun hatte. Diese waren nämlich am allerstärksten an der *Präzision* interessiert, d.h. der raschen Beförderung zum Zielort. So überdachten wir unsere Strategie neu und setzten das Ziel: die Fluggesellschaft mit der höchsten Präzision zu werden.

Wir vermuteten gute Fortschritte im Hinblick auf die Präzision, da unsere Mitarbeiter in der Frachtabteilung berichteten, nur ein geringer Prozentsatz der Sendungen würde nicht rechtzeitig am Lieferort eintreffen. Trotzdem beschlossen wir, einen Test durchzuführen. Wir verschickten 100 Pakete an verschiedene Anschriften innerhalb Europas. Die Ergebnisse waren niederschmetternd: Die Sendungen sollten am nächsten Tag ankommen; der Durchschnitt lag bei vier Tagen später. Unsere Präzision war miserabel.

Wir hatten uns bei einem der grundlegendsten Fehler ertappt, den sich ein Dienstleistungsbetrieb leisten kann: eine Sache zu versprechen und den Erfolg nach einer völlig anderen Größe zu messen. In diesem Fall versprachen wir rasche und präzise Frachtlieferung, aber unsere Bemessungsgrundlagen waren das Frachtvolumen und ob die Papiere der dazugehörigen Sendung beilagen. Eine Lieferung konnte sogar vier Tage später als versprochen ankommen, ohne daß sie als verspätet registriert wurde. Wir mußten unseren Erfolg aber an unseren Versprechungen messen.

Das war wichtiger denn je aufgrund der Neuorganisation der SAS. Ein dezentralisiertes Unternehmen braucht gute Meßmethoden viel dringender als ein hierarchisches, zentralisiertes Unternehmen.

Nach der alten Methode wurden an oberster Stelle Kriterien festgesetzt, die dann meist auf dem Wege schriftlicher Mitteilungen und über die Führungskräfte auf mittlerer Ebene nach unten durch die gesamte Organisation weitergegeben wurden. Es war Aufgabe der Mitarbeiter, sich nach diesen Kriterien zu richten. Waren sie zweideutig, so fielen die Ergebnisse natürlich entsprechend ungleichmäßig aus. Ein ehrgeiziger technischer Leiter würde vielleicht der Qualität zuliebe einen schwindelerregenden Kostenanstieg in Kauf nehmen, während ein vorsichtigerer Kollege unter Umständen eher für »Angemessenheit« optieren würde, um die Kosten im Zaum zu halten.

In einer dezentralisierten Organisation müssen aber die Mitarbeiter auf allen Ebenen genau verstehen, worin das Ziel besteht und wie man es am ehesten erreichen kann. Haben die Mitarbeiter an der Kundenfront – unterstützt durch die mittleren Führungskräfte – einmal die Verantwortung für bestimmte Entscheidungen übernommen, dann brauchen sie ein zuverlässiges Feedback-System. Nur so können sie feststellen, ob ihre Entscheidungen wirklich die übergeordneten Ziele des Unternehmens in die Tat umsetzen. In einem kundenorientierten Unternehmen wird der Erfolg der Mitarbeiter daran gemessen, wie gut sie ihre Kräfte auf die Bereiche konzentrieren, die für die zahlenden Kunden am wichtigsten sind.

Die Notwendigkeit einer Erfolgsmessung ist besonders groß bei solchen Mitarbeitern, die durch ihre Arbeit den Kundenservice beeinflussen, mit diesen Kunden aber nicht in direktem Kontakt stehen. Schalterangestellte bekommen hundertmal am Tag eine sofortige Rückmeldung über ihre Arbeitsleistung von den Kunden, die sie bedienen. Anderen Mitarbeitern, z.B. in der Gepäckabfertigung, wird jedoch ein solches Feedback nicht zuteil.

In Ermangelung dessen brauchen sie klare Ziele und andere Maßstäbe, um festzustellen, inwieweit sie ihre Ziele erreicht haben. Am Stockholmer Arlanda-Flughafen haben wir z.B. ein ausgezeichnetes Team von Mitarbeitern in der Gepäckabfertigung. Sie sind sich bewußt, daß die SAS Geschäftsreisende zufriedenstellen will, und wie wichtig die Effizienz ihrer Arbeit für den gesamten SAS-Betrieb ist.

Das allgemeine Ziel war, das Gepäck gerade dann auf das Fließband rollen zu lassen, wenn die Fluggäste bei der Gepäckausgabe ankommen. Damit dieses System auch funktioniert, müssen die Gepäckarbeiter wissen, wann sie das Ziel erreicht haben und wann nicht. Ein System der Erfolgskontrolle ist in der Lage, solche Informationen zu liefern. Es soll auch für Vorgesetzte einen Anlaß bieten, Lob auszusprechen oder konstruktive Kritik zu üben.

Natürlich muß das System die richtigen Indikatoren kennen. Bei der SAS stellten wir überrascht und verlegen fest, daß unsere Frachtabteilung die Präzision nur in Bezug auf das Frachtvolumen und die der Fracht beiliegenden Papiere gemessen hatte. Wurden diese voneinander getrennt, so registrierten wir einen Fehler. Solange das Frachvolumen hoch war und Fracht und Papiere zusammen ankamen, registrierten wir den Vorgang als erfolgreich abgeschlossen – egal mit wievielen Tagen Verspätung die Lieferung ankam. Obwohl das Kontrollsystem, das nur den Frachtumschlag maß, ständig neue Rekordleistungen im Frachtgeschäft anzeigte, war der Service eindeutig zu schlecht.

So baten wir unsere Mitarbeiter in der Fracht-Abteilung, sich eine neue Methode der Erfolgskontrolle einfallen zu lassen. Das Ergebnis war das QualiCargo-System, das in erster Linie die Präzision unseres Service maß. Wie schnell gingen wir ans Telefon? Kam die Fracht auch wirklich mit der Maschine an, auf der wir sie gebucht hatten? Wie lange dauerte es nach der Landung des Flugzeuges, bis die Fracht vom Kunden abgeholt werden konnte?

Die Ergebnisse der Erfolgskontrolle werden jeden Monat veröffentlicht. Jeder QualiCargo-Bericht enthält ein Diagramm, in dem die verschiedenen Fracht-Terminals miteinander und mit den eigenen Richtzahlen verglichen werden. Dieses Diagramm zeigt, welcher Umschlagplatz dem Ziel am besten und welcher ihm am schlechtesten gerecht geworden ist. Die Terminals, die ihre Richtzahlen erreichen, werden mit einem Stern ausgezeichnet und von unserem Operations-Manager Mats Mitsell gelobt. Diejenigen, die ihr Soll nicht erreichen, können sich auf einige Fragen gefaßt machen.

Anfangs wurden wir wegen unseres QualiCargo-Berichtes heftig kritisiert. Traditionell meiden es die Skandinavier, sich in der Öffentlichkeit zu kritisieren. Manche meinten, unsere Mitarbeiter würden nicht gut ansprechen auf solche Kritik. Zu unrecht. Als wir das System einführten, kamen 80 Prozent der Lieferungen zum ausgemachten Zeitpunkt an; heute sind es 92 Prozent.

Arbeiten unsere Mitarbeiter härter als vorher? Nein. Die Angestellten in der SAS-Frachtabteilung haben schon immer mit Hingabe und großem Einsatz gearbeitet. Doch die Verdeutlichung bisher unerkannter Probleme durch ein zuverlässigeres System der Erfolgskontrolle hat zu einer Veränderung bestimmter Arbeitsabläufe und einer Umverteilung von Ressourcen geführt.

Zum Beispiel zeigten die QualiCargo-Berichte an, daß es außergewöhnlich lange dauerte, bis Frachtsendungen bei Empfängern in New York ankamen. Nachdem sie das Problem erkannt hatten, fanden die Luftfracht-Mitarbeiter in New York eine originelle Lösung: Sie rissen buchstäblich eine Mauer in der Luftfracht-Halle ein, um einen weiteren Verladeplatz zu schaffen. Der Engpaß wurde behoben, und die Lieferzeiten verbesserten sich erheblich.

Warum hatte noch niemand an diese Lösung gedacht? Weil niemand um das Problem wußte. Bevor der QualiCargo-Bericht genau feststellte, nach wie langer Zeit die Frachtlieferung beim Empfänger ankam, war niemandem bewußt, daß der Fracht-Terminal in New York langsamer als andere und wahrscheinlich langsamer als nötig arbeitete. Durch QualiCargo wurde New York zum ersten Mal mit Kopenhagen, Stockholm und anderen Umschlagplätzen in der ganzen Welt verglichen. Indem wir die richtigen Indikatoren werteten, konnten wir ein Problemgebiet aufdecken und eine Lösung finden, durch die der Service verbessert werden konnte.

Die größte Verbesserung im Hinblick auf Präzision und Schnelligkeit ergab sich jedoch nicht infolge sichtbarer Maßnahmen wie dieser. Sie entstand vielmehr aus dem neuen Verständnis der Mitarbeiter der Luftfracht-Abteilung dafür, was SAS-Kunden wichtig ist. Strategie und Erfolgskontrolle sind mit finanziellen Informationen verbunden, so daß jeder die finanziellen Konsequenzen von Dutzenden von Routineentscheidungen sehen kann. Folglich können sich unsere Mitarbeiter nun auf die Tätigkeiten konzentrieren, die gewinnbringend sind.

Natürlich legte man auch vorher Wert darauf, daß die Frachtlieferung so schnell wie möglich erfolgte. Jetzt weiß aber jeder in der SAS-Frachtabteilung nicht nur, daß Präzision wichtig ist, sondern auch, warum (weil der Kunde für Präzision bezahlt), und woran sie sich mißt. Die Prioritäten sind klar: ans Telefon gehen, Sendungen buchen, sie entgegennehmen, sie mitsamt der Dokumente weiterleiten, sie am anderen Ende empfangen, Fracht und Papiere zusammenführen, die Sendung für die Abholung durch den Kunden vorbereiten, Kunden benachrichtigen, wenn ihre Sendungen fertig sind.

Diese neue Einsicht hat die Art und Weise, in der die Luftfracht-Abteilung an ihre tägliche Arbeit herangeht, entscheidend beeinflußt. Frachtarbeiter warten nicht mehr auf Anweisungen von ihren Vorgesetzten. Manager müssen nicht ihre Zeit darauf verwenden, Kaffeepausen und Arbeitsschichten festzusetzen – jeder weiß, wann zu arbeiten ist und wann man Zeit zum Entspannen hat. Durch die Staffelung der Arbeitslast wird unnötige Hetze vermieden. Und die Mitarbeiter verfügen vor allen Dingen über neue Energien und neues Engagement: Sie setzen sich ein, was jetzt auch viel leichter fällt, da es Richtlinien dafür gibt, was »richtig« ist.

Kapitel 11
Mitarbeiter belohnen

Eines Tages im Dezember 1982 bekam jeder der 20 000 SAS-Mitarbeiter ein Päckchen mit der Post zugeschickt. Jedes Päckchen enthielt eine wunderschöne goldene Armbanduhr, deren Sekundenzeiger wie ein winziges Flugzeug geformt war, und eine Notiz, die über eine großzügigere Regelung der Freiflüge für Mitarbeiter informierte. Ebenfalls im Päckchen enthalten war ein zweites »rotes Büchlein« mit dem Titel »Der Kampf des Jahrhunderts» und eine Einladung zu einem Fest. Schließlich gab es noch einen Brief von mir, auf hochwertiges Pergamentpapier gedruckt, in dem ich mich bei allen Mitarbeitern für die großartige Arbeit bedankte, die sie im Verlauf jenes Jahres geleistet hatten, in dem die SAS sich von einer denkbar schlechten Verlustsituation zum größten Gewinn ihrer ganzen Geschichte hochschwang.

Der Inhalt des Päckchens mag nicht besonders außergewöhnlich erscheinen, aber die Empfänger waren hocherfreut. Scharenweise schrieben sie mir Dankesbriefe wie z.B. diesen: »Da stand ich also als erwachsener Mensch mit meinem Paket am Postamt und war so glücklich, daß ich am liebsten gleich losgeheult hätte. Es war das erste Mal in meinen ganzen Dienstjahren bei der SAS, daß ich für meine Leistung ein persönliches

Dankeschön erhalten hatte – und das Beste daran war, ich spürte, daß ich es verdiente.«

Jeder wußte natürlich, daß der Brief vorgedruckt war und jeder SAS-Mitarbeiter ein identisches Exemplar erhalten hatte. Dennoch verstanden sie die persönliche Note als Beweis dafür, wie sehr wir in der obersten Geschäftsleitung ihre hervorragenden individuellen Bemühungen würdigten.

Ein ganzes Jahr lang hatten wir 20000 Menschen um einen zusätzlichen Kräfteeinsatz gebeten, um die SAS aus der Misere zu holen. Jetzt verdienten diese Menschen in gleichem Maße unseren Dank. Irgendwann muß man auch einmal kurz aussetzen, um Luft zu schnappen. Jeder will hören, daß er gute Arbeit geleistet hat. Das motiviert Menschen und hilft ihnen, ihre Selbstachtung und ihr Engagement zu erhalten.

Unser »Belohnungs«-Programm hatte zwei Komponenten; erstens das individuelle Zeichen der Anerkennung, d.h. die Uhr, und zweitens das kollektive Zeichen, das Fest. Die Uhr war ein besonders passendes Geschenk: Sie war nicht nur Ausdruck unseres Dankes, sondern sie paßte auch gut in den Rahmen unserer Bemühungen, die pünktlichste Fluggesellschaft der Welt zu werden.

Das Fest als kollektives Zeichen der Anerkennung sollte die SAS als *Gruppe* verdeutlichen, wenn auch als eine sehr große. Um dies zu bewerkstelligen, veranstalteten wir Feste rund um den Globus. Viertausend Menschen besuchten allein das Fest in Stockholm, darunter Mechaniker, Piloten, Gepäckverlader, Stewards, Flugbegleiter, Sekretärinnen, Verkäufer, Computertechniker und Mitarbeiter aller anderen Sparten, von denen alle erkannt hatten, daß wir nicht nur individuell, sondern vor allen Dingen gemeinsam etwas geschaffen hatten.

Vorläufer der Feste bei der SAS waren ähnliche Veranstaltungen bei Linjeflyg. Dort hatte sich Vergleichbares abgespielt:

Aufgrund des großartigen Engagements und der Begeisterung der Mitarbeiter hatten wir das Unternehmen von Grund auf verändern und unsere Gewinnsituation drastisch verbessern können.

In Prinzip hätte es ganz leicht sein müssen, das Linjeflyg-Fest zu organisieren. Da aber eine Hälfte der 1 200 Mitarbeiter nachts und die andere Hälfte tags arbeitete, konnte man das Fest nur außerhalb der Arbeitszeit aller, d.h. zwischen Mitternacht und 6 Uhr morgens legen. Angesichts dieser Auflage ließen wir unsere Mitarbeiter eines Abends zum Stockholmer Flughafen fliegen, feierten mit ihnen zusammen in einer Flugzeughalle und flogen sie früh morgens wieder zurück. Eine Flugzeughalle mag nicht als feierlicher Rahmen erscheinen, aber alle Anwesenden können dafür bürgen, daß es ein rauschendes Fest war. Es war sogar das erste Mal, daß alle Linjeflyg-Mitarbeiter an einem Ort versammelt waren und sich kennenlernen konnten.

Einmal im Jahr mag es Feste und Armbanduhren geben, doch die Mitarbeiter eines Unternehmens arbeiten jeden Tag hart und bekommen dafür oft wenig oder gar keine Anerkennung. Leider werden in vielen Unternehmen nur Fehler besonders beachtet. Ob man nun gute oder schlechte Arbeit leistet – oder sich sogar ganz um die Arbeit drückt –, niemand wird sich die Mühe machen, einen Kommentar dazu abzugeben. Es kann entmutigend sein, wenn niemand die kleinen Flauten oder Problemzeiten bemerkt. »Spielt es eine Rolle, wenn ich meine Arbeit verpfusche? Merkt es denn niemand? Wozu soll ich mich überhaupt anstrengen?«

Jeder braucht das Gefühl, daß sein Beitrag auch gewürdigt wird. Unsere Arbeit sowie die Anerkennung dafür tragen zu unserem Selbstwertgefühl bei. Besonders in einem Dienstleistungsbetrieb, wo sich das Selbstwertgefühl und die Arbeitsmoral der Mitarbeiter sehr stark auf die Zufriedenheit der Kunden auswirken, kann ein Wort des wohlverdienten Lobes Wunder wirken.

Lob erzeugt Energie, sofern er angemessen ist. Unverdientermaßen mit Lob überschüttet zu werden, kann wie eine Beleidigung wirken, die auf Gleichgültigkeit seitens dessen hinweist, der ihn erteilt. Bei der SAS verschickten wir z.B. einmal als »kleine Aufmerksamkeit« Dankeskärtchen an alle Mitarbeiter, die mitgeholfen hatten, die Auswirkungen eines Streiks zu lindern. Unsere Idee wurde jedoch nicht sorgfältig durchgeführt, und so wurde auch Mitarbeitern gratuliert, die mit dem Streik überhaupt nichts zu tun hatten. Unsere guten Absichten lösten sich in Verwirrung und Ressentiments auf.

Es gibt viele Möglichkeiten, wie ein Unternehmen das Selbstwertgefühl seiner Mitarbeiter Tag für Tag stärken kann – sogar bis hin zu den Dienstuniformen.

Nachdem wir beschlossen hatten, uns auf den Markt der Geschäftsreisenden zu konzentrieren, nahmen wir Farbe und Design unserer Dienstuniformen unter die Lupe. Hätten wir uns auf die Touristik-Branche konzentriert, wäre unser Personal wahrscheinlich in bunte, sportliche Kleidung gekleidet worden. Als Airline des Geschäftsreisenden wählten wir jedoch einen geschäftsmäßigeren Stil, extra für uns vom renommierten Mode-Designer Calvin Klein entworfen, in konservativem Schnitt und dunkelblauem Stoff.

Unsere Bemühungen wären natürlich unvollständig geblieben, hätte das Erscheinungsbild unserer Mitarbeiter dem Unternehmensimage nicht entsprochen. Da unsere Mitarbeiter in ihrer gesamten Arbeitszeit Uniform tragen, sollten sie diese mit Stolz tragen können. So gaben wir 4 Millionen Dollar für 20000 neue Uniformen aus. Ebenso wie die neuen Servierwagen für die Kabinenbesatzungen und die dienstleistungsorientierten Schulungsseminare, an denen alle Mitarbeiter teilnehmen sollten, wurde die neue Uniform ein Symbol der neuen SAS – eine Möglichkeit, unseren Mitarbeitern an der Kundenfront zu vermitteln: »Wir investieren in Sie, weil Sie wichtig sind.« Diese Botschaft war der spürbare Beweis dafür, daß die neue SAS-Identität nicht nur die Geschäftsleitung betraf, sondern sich im ganzen Unternehmen niederschlug, einschließlich der Einstellung und des Erscheinungsbildes eines jeden Mitarbeiters im Arbeitsalltag.

Unseren »Business-Look« führten wir mit dem vollen Trara ein, das der Enthüllung einer neuen Designer-Kollektion gebührt. Mit Hintergrundmusik von einer Live-Band sowie Untermalung durch eine Disco-Bandaufnahme unseres Firmenliedes »Love is in the Air« veranstalteten wir praktisch gleichzeitig – in Flugzeughallen in Oslo, Stockholm und Kopenhagen – drei Präsentationen der von Grund auf neuen Unternehmensidentität, die von unseren Mitarbeitern, der Presse und Regierungsbeamten, einschließlich der nationalen Verkehrsminister, besucht wurden. Sämtliche Vorführende waren SAS-Mitarbeiter, und für das große Finale schlüpfte ich sogar selbst in die weiße Jacke eines Chefstewards. Auf allen Veranstaltungen wurde für die Gäste mit Essen und Trinken aufgewartet. Und wie wurden die neuen Modelle aufgenommen? Mit Begeisterung und Zustimmung! Durch unseren neuen »Look« machten wir unseren Mitarbeitern, den Medien und der breiten Öffentlichkeit unsere aufregende Veränderung deutlich – und daß mit uns auch in Zukunft weiterhin zu rechnen sei.

Für ein Unternehmen, das die »Pyramide« seiner Unternehmenshierarchie eingeebnet hat, wird es besonders wichtig, das Selbstwertgefühl der einzelnen Mitarbeiter zu stärken. In der alten hierarchischen Unternehmensstruktur wurde auf äußerliche Machtprivilegien wie Arbeitszimmer, Titel und Gehälter sehr großen Wert gelegt. Dort bedeutete »Beförderung« oft, begabte Mitarbeiter von wichtigen Arbeitsplätzen auf Posten ohne wirkliche Substanz zu versetzen und deren Gehalt zu erhöhen. Viele hochkompetente Mitarbeiter endeten auf Stellen, wo sie lediglich Entscheidungen weitergeben, die von höhergestellten Führungskräften getroffen wurden.

Symbole sind wichtig – darüber besteht gar kein Zweifel. Die chinesische Armee versuchte einmal, alle sichtbaren Formen der Macht abzuschaffen. An die Stelle der Ehrenauszeichnungen und Medaillen trat jedoch eine Hierarchie der Kugelschreiber, die man in der Brusttasche trug: Anzahl, Farbe und Größe der Kugelschreiber ließen auf den Rang einer Person schließen.

Meines Erachtens geht eine Organisation, die ihre Mitarbeiter mit echter Arbeitszufriedenheit und authentischem Selbstwertgefühl belohnt, mit sich und seinem Personal ehrlicher um. Eine bessere Belohnung für gute Arbeit ist die Zuerkennung wohldefinierter Verantwortung und berechtigten Vertrauens. Begabten Mitarbeitern in ihrer Entfaltung und Entwicklung zu helfen, ist eine der schwersten Herausforderungen, denen die oberste Geschäftsleitung gegenübersteht. Der Rückgriff auf inhaltsleere Beförderungen als Zeichen der Anerkennung ist wie ein Eingeständnis eigenen Scheiterns.

Als wir den SAS-Mitarbeitern an der Kundenfront neue Verantwortung übertrugen, begannen wir gleichzeitig, an den Vorstellungen von Beförderung zu arbeiten. In einem Unternehmen unserer Struktur bedeutet eine Veränderung »nach oben« nicht unbedingt eine Verbesserung. Ich wollte meinen Mitarbeitern das Gefühl vermitteln, Beförderung sei die Delegierung einer neuen Aufgabe, die ihnen Gelegenheit gab, etwas Wichtiges zu leisten unabhängig von Titel und äußerlichen Prestigesymbolen.

Ein SAS-Mitarbeiter sollte an der Kundenfront seinen Job in einer Weise beschreiben können, die Manager und Geschäftsleiter in anderen Unternehmen erblassen läßt: »Früher hatte ich doppelt soviele Mitarbeiter unter meiner Aufsicht, aber in Wirklichkeit hatte ich keinen wirklichen Einfluß«, sollte er sagen können. »Klar, ich hatte ein tolles Arbeitszimmer, aber ich kam nie mit unseren Mitarbeitern oder Kunden in Berührung. Von nun an werde ich dort sein, wo man mich braucht, wo ich wirklich Gutes leisten kann.«

Der reichste Lohn, den man einem Mitarbeiter geben kann, ist der Stolz auf die eigene Arbeit. Ich weiß noch, wie manche die Stirn runzelten, als ich nach Abschluß meines Studiums am Stockholmer Institut für Betriebswirtschaft meine erste Stelle bei Vingresor antrat. Ein von mir sehr geschätzter Professor protestierte, ich würde meine Zeit auf ein fragwürdiges Geschäft verschwenden. Mein Vater machte mich nur zu gern darauf aufmerksam, wie mein Vetter als Buchhalter bei einem Autohändler angefangen habe und sich inzwischen auf dem Wege in Richtung einer soliden beruflichen Karriere befände.

Die Zweifel blieben. Mein Professor setzte mich regelmäßig von anderen offenen Stellen in Kenntnis. Mein Vater ließ mich verstehen, daß ich in einem Job ohne Zukunft herumtändele. Auf ihren Druck hin bewarb ich mich um eine Stelle als Abteilungsleiter beim neu eröffneten Schwedischen Institut für Informative Warenkennzeichnung, eine trübselige Bürokratie, die meinem Stil kein bißchen entsprach.

Zum Glück bekam ich die Stelle nicht. Wieder in mein Arbeitszimmer bei Vingresor zurückgekehrt, wurde ich immer unsicherer, was ich eigentlich wollte. Dann rief eines Tages ein Kunde an, um sich nach der Einteilung eines bestimmten Reiseleiters in der nächsten Saison zu erkundigen. Ich sagte, er würde Busfahrten um den Bodensee begleiten.

»Ach, schade«, sagte der Kunde. »Diese Fahrt haben wir schon mehrmals gemacht, und wir möchten gerne etwas Neues ausprobieren. Wissen Sie, vor 10 Jahren sind meine Frau und ich nach Ägypten gefahren, und dieser Reiseleiter hat uns begleitet. Und ich sage Ihnen, Herr Carlzon, wir hatten mit ihm die besten 14 Tage unseres Lebens! Seither versuchen wir immer, seine Reisen mitzumachen.«

Da fiel bei mir der Groschen: Wenn ich mit einer Arbeit Menschen zur besten Zeit ihres Lebens verhelfen kann, dann glaube ich keinem Professor dieser Erde, daß mein Geschäft fragwürdig sei. Und mein Vater brauchte sich auch keine Sorgen um den Wert meiner Arbeit zu machen.

Hätte dieser Mann mir nicht seine Geschichte erzählt, wäre ich vielleicht mit einem Gefühl des Gescheitertseins von Vingresor weggegangen. Statt dessen erlangte ich mein Selbstwertgefühl und das Gefühl für die Qualität meiner Arbeit wieder. Ebenso hat mich dieser Kunde veranlaßt, meine Kriterien für Erfolg im Leben neu zu überdenken.

Einige Jahre später bekam ich die größte Belohnung, die mir in den 20 Jahren meiner Berufstätigkeit bisher zuteil wurde.

Vingresor hatte viel Werbung gemacht für seine Service-Leistungen für Kinder. »Wir passen auf die Kinder auf, während Sie sich amüsieren!« versprachen wir. Um herauszufinden, wie wir die Kinder am besten beschäftigen sollten, setzten wir uns mit erfahrenen Reiseleitern, Vorschullehrern und anderen zusammen. Kinder haben ihre eigenen Vorstellungen darüber, wie ein gelungener Urlaub aussieht.

Kinder halten auf Geheimnisse, und so organisierten wir einen Klub für Kinder mit allem drum und dran, bis hin zum geheimen Kodewort und zur Mitgliedskarte. Wenn die Kinder zu jung waren, um ihre Namen auf die Karten zu schreiben, konnten sie diese statt dessen mit ihrem Daumenabdruck versehen. Wir wollten extra T-Shirts und Hüte mit dem Signet »Miniclub« bedrucken lassen. Der Klub sollte sogar sein eigenes Lied haben: »Here Comes the Miniclub«.

Die Idee war so toll, daß das Motiv unserer Werbekampagne eher Urlaub für *Kinder* sein sollte als Urlaub für deren Eltern. So kehrten wir das ganze Konzept um und sagten: »Kein Problem mehr, Mutti und Vati mit in den Urlaub zu nehmen.«

Eines Tages wurde ich früh morgens auf Mallorca durch lautes Singen von draußen geweckt. Die Stimmen wurden lauter und ich schaute durch die Rolläden. Da sah ich sie: 30 braun gebrannte schwedische Kinder, in T-Shirts gekleidet und mit bedruckten Hüten auf dem Kopf, kommen fröhlich die Straße herauf und singen aus voller Kehle: »Here Comes the Miniclub«! Sie können mir glauben, keine Gehaltsüberweisung, kein Bonus, kein komfortables Büro oder Managerprivileg stellte für mich je eine so schöne Belohnung dar!

Wir *alle* brauchen Belohnung und arbeiten besser, wenn wir auf unsere Arbeit stolz sein können. Natürlich werden fähige Kräfte für ihre Arbeit gut entlohnt, doch es ist eine sehr viel befriedigendere Belohnung, wenn man wohldefinierte Verantwortung übertragen bekommt und das Vertrauen und das aktive Interesse anderer Menschen spürt. Ich glaube, wenn Führungskräfte genau verstehen, was die Mitarbeiter sich von ihrer Arbeit erhoffen, worin ihre Ziele liegen und wie sie sich weiterentwickeln wollen, können sie deren Selbstwertgefühl steigern. Und die Kraft, die hinter einem gesunden Selbstwertgefühl steckt, erzeugt das nötige Selbstvertrauen und die nötige Kreativität, neue Herausforderungen anzunehmen.

Kapitel 12
Die zweite Welle

Spätestens 1984 schien die SAS ihre Ziele erreicht zu haben und somit wohlverdient aufatmen zu können. Die Fluggäste zeigten eine positive Resonanz auf unseren verbesserten Service. Unsere Finanzen hatten sich weitaus schneller erholt als erwartet. Und die amerikanische Fachzeitschrift *Air Transport World* hatte die SAS gerade zur »Airline des Jahres« ernannt. Wir hatten alles verwirklicht, was wir uns vorgenommen hatten.

Doch für mich war 1984 ein qualvolles Jahr. Ich war dabei, eine weitere Lektion über die Führung eines Geschäftsunternehmens zu lernen: Hat man sein Ziel erreicht, besteht die Gefahr, im Erfolg gefangen zu werden. Unser Chef für SAS Dänemark Roald Sokilde bemerkte, den Krieg gewänne man leichter als den Frieden.

Während meiner ersten Jahre bei der SAS stand das gesamte Unternehmen hinter einem einzigen, logisch einsehbaren Ziel, das jeder unterstützen konnte. »Wir müssen rentabel werden! Das können wir jedoch nicht, indem wir in Flugzeuge investieren, sie aufkaufen und wieder verkaufen. Unsere Gewinnsituation verbessern können wir nur durch Wandlung in ein dienstleistungsorientiertes Unternehmen, das sein Geld verdient, indem es in puncto Service die Nummer eins ist!« Dieses übergeordnete Ziel war klar und eindeutig, und wir besaßen vielerlei Beweise, daß es bis in den letzten Winkel des Unternehmens durchgedrungen war und von praktisch allen akzeptiert wurde. Zwischen 1981 und 1984 waren alle unsere Kräfte vereint, und jeder einzelne Mitarbeiter war bestrebt, seine bisher besten Leistungen noch zu übertreffen.

Jetzt hatten wir aber unser Ziel erreicht – ohne uns dabei viele Gedanken darüber zu machen, was wir als nächstes in Angriff nehmen wollten.

Bei der SAS zog das Fehlen neuer Ziele einige negative Konsequenzen nach sich. Das Zusammengehörigkeitsgefühl bröckelte langsam ab. Der Zweck unserer Arbeit wurde immer öfter in Frage gestellt und die neugefundene Energie unserer Mitarbeiter mehr auf enger gefaßte, persönliche Ziele gerichtet. Verschiedene Gruppen von Mitarbeitern hatten verschiedene Vorstellungen davon, wie diese Gewinne verwendet werden sollten. Eine Gruppe befürwortete z.B. den Kauf neuer Flugzeuge. Eine weitere fand, es sei an der Zeit, SAS-Mitarbeitern höhere Gehälter zu zahlen.

Diese Interessen begannen miteinander zu konkurrieren. Zunächst sah es so aus, als könne die oberste Geschäftsleitung wenig tun, um der sich verschlechternden Situation abzuhelfen. Wir hatten uns absichtlich der Kontrollmöglichkeiten entledigt, die gewöhnlich eingesetzt werden, um Mitarbeiter bei der Stange zu halten. Wir konnten keine Befehle und Anordnungen erteilen, um einen erneuten Kräfteaufbau zu erzielen. Und wir waren uns völlig darüber im klaren, daß die SAS noch gar nicht ganz über den Berg war. Die unmittelbare Krise war überstanden, doch um langfristig bestehen zu können, mußten wir unsere Gewinne verdoppeln. Wir brauchten ein neues, greifbares Ziel, das jeder einzelne SAS-Mitarbeiter als sein eigenes ansehen konnte.

Rückblickend erkannte ich, daß es besser gewesen wäre, schon 1980 ein übergeordnetes, langfristiges Ziel zu stecken und die unmittelbare Gewinnsteigerung als kurzfristiges Nebenziel zu betrachten. Es wäre viel wirksamer gewesen, wenn wir 1984 unseren Mitarbeitern hätten sagen können: »An dem Punkt waren wir 1980, und an diesem Punkt sind wir heute. Wir danken Ihnen für die Arbeit, die Sie geleistet haben, um uns so weit zu bringen. Jetzt peilen wir unser nächstes Ziel an, das dort vorne liegt.«

Statt dessen kamen wir in die Defensive.

Wir gerieten unter den Druck der Piloten, weil wir keine neuen Flugzeuge anschafften. »Wir alle fanden die vielen Ideen, mit denen Sie 1981 übersprudelten, ganz toll, und sie gaben dem Unternehmen wirklich neuen Schwung«, sagten sie. »Aber jetzt sieht es so aus, als seien die Ideen versiegt, und wir bleiben mit veralteten Flugzeugen zurück, während andere Fluggesellschaften neue Maschinen kaufen.«

Es war offensichtlich nicht gelungen, unseren Piloten mitzuteilen, daß wir das Unternehmen von einer produktorientierten Einstellung wegbringen wollten. Das Beibehalten der alten Maschinen war eine für sie unverständliche, wichtige Komponente unserer Strategie.

Dieses Mißverständnis war zu einem großen Teil unsere eigene Schuld. Meine eigenen Erklärungen hatten unter einigen Mitarbeitern Ressentiments hervorgerufen. »Wir schaffen keine neuen Flugzeuge an, nur damit unsere Piloten in neuen Cockpits sitzen können«, hatte ich 1981 gesagt. »Wir schaffen keine neuen Flugzeuge an, nur damit unsere Mechaniker etwas Neues zum Tüfteln haben. Wir kaufen neue Maschinen nur dann, wenn es unseren Wert für Geschäftsreisende erhöht und auf diese Weise unsere Rentabilität steigert.«

Das war meine Art zu erklären, was ein marktorientiertes

Unternehmen sei, das sein Hauptaugenmerk auf die Wettbewerbsfähigkeit, und nicht auf die Technologie konzentriere. Doch die Piloten und die Mechaniker faßten es anders auf, und im nachhinein ist das auch leicht einsehbar

»Meint er, wir wollen neue Maschinen einfach nur, um damit zu spielen?« fragten sich die Piloten untereinander. »Zählen nur die Wünsche der Fluggäste?« Und auf ähnliche Art fragten die Mechaniker: »Sagte er, wir würden an Flugzeugen *tüfteln*? Begreift er denn nicht, daß wir ausgebildete Fachkräfte sind?«

Natürlich hatten diese Mitarbeiter schon die ganze Zeit ihre Vorbehalte gehegt. Im anfänglichen Ansturm auf den Erfolg hatten sie sie jedoch beiseitegelegt. Jetzt, wo das Ziel erreicht war und alle nach neuen Möglichkeiten suchten, ihre Energie einzusetzen, kamen diese Probleme wieder zum Vorschein und schufen eine Vertrauenslücke zwischen der obersten Geschäftsleitung und den Mitarbeitern.

Ein Beispiel war die Debatte, die über die emotional hochaufgeladene Frage der Sicherheit aufkam. Als wir uns 1981 von einem produktorientierten zu einem marktorientierten Unternehmen umstellten, hatten wir uns so stark auf den Service konzentriert, daß unser Engagement auf der technischen und betriebstechnischen Seite ein wenig nachgelassen hatte. Für dieses Manko weise ich mir selbst die alleinige Schuld zu.

Ich machte den Fehler, Dinge einfach vorauszusetzen. Ich nahm an, es sei jedem klar, daß Sicherheit und technische Qualität selbstverständlich seien und nie in Frage gestellt werden könnten. Wenn ich von Service sprach, meinte ich den Service *rundum*, wofür der Kunde sein Geld hinlegt und den er auch bekommt, wobei die Hauptkomponente die Sicherheit ist.

Viele Mitarbeiter verstanden das jedoch falsch. Sie meinten, Service sei das, was Fluggäste an Bord des Flugzeugs oder am Abfertigungsschalter bekommen. Wir hatten uns z.B. nie vorgestellt, daß unsere Piloten oder Mechaniker der Pünktlichkeit etwa vor der Sicherheit den Vorrang geben sollten.

Die Kontroverse begann innerhalb des Unternehmens, wurde aber auch von außen geschürt, als namhafte schwedische Zeitungen anfingen, Telefonanrufe unzufriedener SAS-Mitarbeiter zu bekommen, die gerne Unzulänglichkeiten in den Sicherheitsvorkehrungen »enthüllen« wollten.

Da wir uns in die Defensive gedrängt sahen, richteten wir von der obersten Geschäftsleitung einige Sicherheitskomitees ein. Wir engagierten ausländische Berater, die den gesamten Betriebsablauf untersuchen und uns darüber berichten sollten, wie wir im internationalen Vergleich abschnitten. Wir trafen sogar mit den »schärfsten« Zeitungen zusammen, um unseren ausgezeichneten Sicherheitsrekord zu verteidigen. Außenstehenden mußte unsere standhafte Verteidigung wie ein indirektes Eingeständnis vorgekommen sein, daß etwas nicht in Ordnung sei. In Wirklichkeit war unsere Flugsicherheit nie gefährdet. Neben den Australiern haben die Skandinavier die besten Flugsicherheitsrekorde der Welt. Jetzt, wo das Mißverständnis wieder beseitigt ist, haben wir die richtige Balance erreicht zwischen einer scharf kalkulierenden, kommerziellen Betriebsführung auf der einen Seite und technisch-betriebstechnischer Spitzenleistung auf der anderen.

Bald darauf legten andere Mitarbeiter neue Gehaltsforderungen vor. Die schwedischen Kabinenbesatzungen fühlten sich benachteiligt im Vergleich zu ihren Kollegen in den anderen skandinavischen Ländern. Das Personal in den skandinavischen Niederlassungen drängte auf eine Revision des gesamten Lohn- und Gehaltssystems.

Und wieder begab sich die Geschäftsleitung auf den Rückzug.

Jedes Mal, wenn wir uns mit größeren Gruppen von Mitarbeitern zusammensetzten, endete die Sitzung mit neuen Forderungen nach mehr Freiflügen, verbesserter Koordination der Mahlzeiten der Kabinenbesatzungen, einer völlig neuen Urlaubseinteilung usw. Auf jeden Punkt antworteten wir einfach: »Klar, machen wir«, oder: »Das können wir uns überlegen.« Doch wir wußten, daß wir keine echten Fortschritte in der Befriedigung dieses mittlerweile schier endlosen Forderungskatalogs machten.

Nach einer dieser Sitzungen kam einer meiner engsten Freunde und Kollegen auf mich zu und sagte: »Jan, so kann es nicht weitergehen. Jetzt ist es wieder an uns, die Forderungen zu stellen.«

Das war's! In Anspruch genommen von unseren Bemühungen, den hervorragenden Unternehmensgeist aufrechtzuerhalten, den wir bei der SAS geschaffen hatten, zogen wir uns vor den Ultimaten zurück, mit denen wir konfrontiert wurden, anstatt mit eigenen Forderungen zu antworten.

Durch die Festsetzung unseres ursprünglichen Zieles hatten wir unseren Mitarbeitern etwas abverlangt. Nun, kein Ziel mehr vor Augen, setzte ein Rückschlageffekt ein. Wir hatten neue Energien, neue Motivation freigesetzt; nachdem das Ziel erreicht und die Motivation noch vorhanden war, begannen die Leute, sich ihre eigenen individuellen Ziele zu stecken und verzettelten sich dabei in alle Richtungen mit ganz unterschiedlichen Forderungen an das Unternehmen. Es war ein anschauliches Beispiel dafür, daß die oberste Geschäftsleitung alle Kräfte des Unternehmens auf ein gemeinsames Ziel richten muß.

Auf der nächsten großen Mitarbeiterversammlung wurden wir wieder mit Forderungen überschüttet. Dieses Mal schlug ich vor: »Machen wir doch eine Liste Ihrer Probleme mit der SAS.«

Auf der Liste fanden sich dieselben alten Klagen wieder. »Mit dem Rest sind Sie also zufrieden?« fragte ich. »Das ist ja toll. Das bedeutet, daß 95 Prozent der Dinge bei der SAS in Ordnung sind. Jetzt kümmern wir uns um die restlichen 5 Prozent, und zwar innerhalb einer bestimmten Frist. Die Leute, die für die Lösung der einzelnen Probleme zuständig sind, erstatten nicht mir über die aktuelle Lage Bericht, sondern Ihnen.«

Dann ging ich zu etwas anderem über. »Jetzt, wo wir Ihre speziellen Probleme erörtert haben, will ich Sie darauf aufmerksam machen, daß wir unsererseits ein paar spezielle Forderungen auch an Sie richten wollen.« Dann formulierte ich unsere Erwartungen an das Unternehmen im allgemeinen und an die Mitarbeiter an der Kundenfront im besonderen: besseren Service zu geringeren Kosten bieten und Ausgaben streichen, die nicht ertragssteigernd wirken. Vor allem verpflichteten wir uns aufs neue, die Airline des Geschäftsreisenden sein zu wollen. Diese Forderungen waren zugegebenermaßen nicht neu – sie bildeten den Kern unserer kundenorientierten Einstellung –, doch wies ich die Mitarbeiter ausdrücklich auf unsere primäre Verantwortung hin: den zahlenden Kunden zu dienen.

Ich weiß nicht genau, was ich für eine Reaktion erwartete; was ich aber bekam, war Applaus. Danach sagten mir mindestens 10 Leute praktisch genau das gleiche: »Sie haben uns wirklich wachgerüttelt! Uns geht es hier im Grunde genommen gut, und natürlich liegt es an uns, die Ärmel hochzukrempeln und mit anzupacken. Solange Sie sich um unsere Bedürfnisse kümmern, können Sie sich darauf verlassen, daß die Funken sprühen!«.

Endlich waren wir wieder in der Offensive, und die Wirkung auf die Arbeitsmoral unserer Mitarbeiter konnte man mit den Händen greifen. Ein Teil dieser Wirkung war natürlich rein psychologisch, denn jeder braucht eine Herausforderung. Als wir versprachen, die Wünsche der Mitarbeiter zu erfüllen, und sie aufforderten, ein neues Serviceniveau zu schaffen, war der gegenseitige Respekt wiederhergestellt.

Unsere Arbeit war jedoch noch nicht beendet. Wir brauchten immer noch ein neues übergeordnetes Ziel, das es uns ermöglichen würde, alle unsere Kräfte wieder in eine Richtung zu konzentrieren.

Ich hatte lange nachgedacht über ein Ziel, das alle bei der SAS mitreißen konnte. Jeden, mit dem ich innerhalb des Unternehmens in Kontakt kam, hatte ich gefragt: »Gibt es irgendetwas, das jeden SAS-Mitarbeiter gefangennehmen könnte? Woran denken die Leute bei der Arbeit? Worüber machen sie sich Sorgen? Wo sehen wir uns einem gemeinsamen Risiko ausgesetzt?«

Eine Sorge wurde immer wieder geäußert. Seit Jahren hatte die SAS wie auch andere europäische Fluggesellschaften in einem im höchsten Maße geregelten Umfeld gearbeitet, das uns vor dem halsbrecherischen Konkurrenzkampf schützte, den wir nach der Deregulierung des amerikanischen Luftverkehrs hatten aufkommen sehen. Was würde aus unserer gemütlichen Marktnische, wenn unsere Konkurrenten plötzlich praktisch ohne jegliche Einschränkung hinter unseren Kunden her sein durften?

Es handelte sich um eine ernste Bedrohung, die jeden SAS-Mitarbeiter tangieren könnte. Konnten wir sie zu einer positiven, neuen Zielsetzung umformen, an der sich die Ressourcen des Unternehmens neu ausrichten?

Was war damals passiert, als das amerikanische Bankwesen dereguliert wurde? Ein einziges Unternehmen hatte das Kommende vorhergesehen. Fünf Jahre lang hatte die oberste Geschäftsleitung dieser Bank jeden Monat verschiedene Mitarbeiter des Führungsstabs zu sich gerufen und gefragt: »Was wären die Folgen, wenn wir dem freien Wettbewerb ausgesetzt wären?

Was würde in Ihrem Bereich passieren? Welche neuen Bedingungen würden Sie tangieren?« Als die Deregulierung in Kraft trat, war dieses Unternehmen darauf vorbereitet. Es wußte, wo die neuen Gelegenheiten zu suchen waren, packte sie beim Schopf und übernahm sofort die Führung vor seinen kurzsichtigen Konkurrenten.

Ich hatte das gleiche in der amerikanischen Luftfahrtbranche beobachtet. Die beiden Fluggesellschaften, die sich am besten auf die Deregulierung vorbereitet hatten, waren American Airlines und United Airlines. Für die anderen bedeutete die Deregulierung den Beginn eines erbitterten Konkurrenzkampfes. Für diese beiden Unternehmen hingegen war sie mehr wie ein Neubeginn. Heute sind diese beiden Airlines die bei weitem führenden in den Vereinigten Staaten und zählen zu den Fluggesellschaften mit den höchsten Gewinnen auf der ganzen Welt.

Vielleicht – dachte ich mir – konnte die Vorbereitung auf einen freieren Wettbewerb den Kern einer neuen Strategie bei der SAS bilden. Konnten wir aus der Beunruhigung, die innerhalb des Unternehmens bereits existierte, Nutzen ziehen? Konnten wir eine Zielsetzung formulieren, die dieser Unruhe konstruktiv begegnen würde? Konnten wir als Ziel eine Unternehmensentwicklung setzen, um nicht nur in der Welt des freien Wettbewerbs zu überleben, sondern um dort auch Spitzenleistungen zu erbringen?

Es schien, als hätten wir auf Anhieb den richtigen Ton angeschlagen. Wir hatten kein Ziel erfunden, sondern vielmehr eines aus einem Problempunkt entwickelt, der die ganze Zeit bereits existierte. Zunächst studierten wir die Auswirkungen der US-Deregulierung: Die neue Geschäftsatmosphäre bringt die Ertragslage unweigerlich in Bedrängnis, die Konkurrenz senkt ihre Preise; neue Anbieter treten in Erscheinung; die Unternehmen müssen kämpfen, um ihre Marktpositionen zu behaupten; und die Einkünfte fließen nicht mehr automatisch.

Es ist kein Zufall, daß amerikanische Fluggesellschaften heute effizienter arbeiten als vor der Deregulierung (ihre Kosten haben sie um etwa 25 Prozent gesenkt). Es ist auch kein Zufall, daß sie effizienter arbeiten als bei uns in Europa. Um in einer Zeit zu überleben, in der Marktanteil und Ertrag nicht mehr als gegeben vorausgesetzt werden, muß ein Unternehmen seine Kosten senken.

Wenn wir jedoch unsere neue Kampagne nur auf erhöhte Effizienz aufbauten, könnte es sein, daß wir am Ende mit dem gleichen Ergebnis wie damals 1984 konfrontiert werden würden. Ein Jahr lang könnte es gutgehen, aber mit der Zeit würden wieder Fragen bezüglich Dingen wie Sicherheit oder technische Maßstäbe auftauchen. Schlimmstenfalls könnte eine übereifrige Effizienzkampagne die Qualität des Service beeinträchtigen, und das wäre fatal. Nachdem wir eine vitale und profitable Organisation im hochwertigen Service für Geschäftsreisende aufgebaut hatten, konnten wir es uns nicht leisten, diese kaputtzumachen im Namen der Effizienz. Genausowenig konnten wir uns beschuldigen lassen, wir würden die Sicherheit opfern. Die Effizienz mußte Teil einer größeren Strategie sein. Aber welcher?

Wir wandten uns der Frage zu, wie die SAS in den vergangenen Jahrzehnten sich den Herausforderungen der jeweiligen Zeit gestellt hatte. Als sich die zivile Luftfahrt in den fünfziger Jahren vergrößerte, stand die SAS an der vordersten Front der Entwicklungen in der Branche – wichtige Fortschritte in der Navigation, verbesserte Techniken beim Schlechtwetterflug, erhöhte Sicherheit während der Start- und Landevorgänge, entscheidende Flugzeitverkürzungen über die Polarrouten – das alles waren Kräfte, welche die Luftfahrt vorantrieben.

Während der sechziger und siebziger Jahre hat die SAS an der Spitze der entscheidenden technologischen Flugzeugentwicklung gestanden. Die SAS war die erste Fluggesellschaft, welche die französische Caravelle mit Doppelstrahlantrieb im Heck einsetzte; außerdem war sie aktiv an der Entwicklung der DC-9 beteiligt, die unser »Zugpferd« wurde.

Mit den sechziger und siebziger Jahren trat eine neue Marktsituation ein, die durch eine stärkere Betonung des Wettbewerbs gekennzeichnet war. Hier trat die Technologie hinter die Dienstleistung und die Kundenorientierung zurück. Und wieder meisterten wir die Lage und wurden 1983 zur »Airline des Jahres« ernannt.

Jedes Jahrzehnt hatte so seine eigene charakteristische Wettbewerbssituation, und die SAS hatte jedesmal die Führung übernommen. Für die Zukunft bauen mußte nicht nur erhöhte Effizienz für die nächste Zeit fordern, sondern auch die drei Bereiche – Flugbetrieb, Flugzeugtechnologie und Dienstleistungen – stärken, die uns in der Vergangenheit zu einer großen Airline gemacht haben.

So beschlossen wir folgende Strategie: Die SAS würde effizient und geschickt arbeiten, um in einer freien marktwirtschaftlichen Situation überleben zu können. Wir würden der kompromißlosen Qualität in den lebenswichtigen Bereichen Flugbetrieb, Flugzeugtechnologie und Dienstleistungen weiterhin verpflichtet bleiben. Auf dieser Grundlage wollten wir eine Kampagne der Effizienzsteigerung aufbauen, um so zuversichtlich in einen wettbewerbsmäßig deregulierten Markt gehen zu können.

Was meint das im Klartext? An unserer übergeordneten Strategie, uns nach dem Geschäftsreisenden zu richten, wird sich nichts ändern. Und neben diesem Ziel nehmen wir noch drei weitere Entwicklungsbereiche in Angriff.

Erstens: In einer Ära des freien Wettbewerbs müssen wir unsere Effizienz um mindestens 25 Prozent erhöhen, wie es uns die erfolgreichen US-Fluggesellschaften vorgemacht haben. Dieses Ziel erreichen wir nicht durch wahllose Kostensenkung in allen Bereichen. Vielmehr beabsichtigen wir, die Kosten so zu sehen wie im Jahre 1981, nämlich als Mittel, um unsere Rentabilität insgesamt zu verbessern. Indem wir bestimmte Kosten senken und andere effektiver und somit ertragssteigernder einsetzen, wollen wir mit weniger Aufwand mehr Gewinn erzielen.

Zweitens: Wir müssen ein Kommunikations-, Informations- und Reservierungssystem aufbauen, das uns einen festen Zugriff auf unseren gesamten Markt ermöglicht. United und American Airlines haben bereits ihre eigenen Reservierungs- und Informationssysteme eingerichtet, teilweise, um ihre derzeit führende Stellung behaupten zu können, teilweise, um in neue – auch SAS-Märkte einzudringen. Nun hat auch die SAS mitgezogen und gemeinsam mit Lufthansa, Air France und Iberia das Informations- und Reservierungssystem »Amadeus« geschaffen. Es handelt sich um eine Investition in Höhe von 300 Millionen Dollar und wird in wenigen Jahren das größte Computersystem Europas im Zivilbereich sein.

Drittens: Wir müssen ein wettbewerbsfähigeres System von Flugstrecken, Flugfrequenzen und Abflugzeiten aufbauen. Das bedeutet unter anderem, daß wir das Nabe-und-Speichen-System der amerikanischen Fluggesellschaften übernehmen müssen. Das wiederum erfordert eine stärkere Betonung des Kopenhagener Flughafens. Kopenhagen ist unser Tor zur Welt, unser Pendant zu London, Paris oder Frankfurt. Viele Menschen halten den Kopenhagener Flughafen schon lange für weniger attraktiv als die anderen, doch wenn wir Erfolg haben wollen, müssen wir Kopenhagen verbessern. Zu diesem Zweck haben die SAS und die dänischen Behörden 800 Millionen Dollar für Renovierungs- und Ausbauarbeiten bestimmt.

Das Ziel: Bis 1992 soll die SAS die effizienteste Fluggesellschaft Europas werden. Bis dahin werden wir über ein wettbewerbsfähiges, weltweites Streckennetz verfügen. Wir werden Marktführer in Sachen Qualität und Sicherheit sein. Wir werden auf allen Strecken und mit allen Flugzeuggrößen gewinnbringend konkurrieren können. Bis dahin werden wir die Finanzkraft haben, rund 3 Milliarden Dollar in eine neue und wettbewerbsfähigere Flotte zu investieren, die uns in der ersten Hälfte des Jahrzehnts geliefert wird. Ferner werden wir die »Three-P«-Maschine kaufen können, wenn sie zur Verfügung steht.

All das bezeichnen wir bei der SAS als die »zweite Welle«. Diese unterscheidet sich von der »ersten Welle« in einem wichtigen Punkt: Wir versuchen, geduldiger zu sein. Das erste Mal stellten wir einen Direktanschluß mit dem ganzen System her und gingen direkt zu Kunden und Marktfront, um die Strategie umzusetzen. In unserer damaligen Lage am Rande des Ruins hatten wir keine andere Wahl. Jetzt haben wir ein bißchen mehr Zeit, um unseren Plan vorzustellen und dafür zu sorgen, daß jeder unserer Mitarbeiter ihn akzeptiert und die Zusammenhänge hinsichtlich der jeweiligen Verantwortung des einzelnen genau versteht.

Die bisherigen Ergebnisse bestätigen, daß wir uns immer noch auf dem richtigen strategischen Kurs befinden. Das dänische Geschäftsblatt *Boersen* setzte uns auf den ersten Platz für das beste Unternehmensimage. Die US-Luftfahrtzeitschrift *Air Transport World* zeichnete uns 1986 als die Airline mit dem besten Service aus. Und im Jahre 1988 rechnete *Air Transport World* aus, daß die SAS die weltrentabelste Fluggesellschaft ist, gemessen an der Bruttogewinnspanne (dem Verhältnis von Ergebnis zum Umsatz). Um diese Auszeichnung mit unseren Mitarbeitern zu teilen – denn sie hatten sie ja in Wirklichkeit verdient –, verteilten wir an alle 30 000 ein Herz aus Massivgold. Es war ein kleines, aber greifbares Zeichen dafür, daß wir jeden Einzelnen als Herzstück unseres Erfolges betrachteten.

Manche Leute scheinen zu denken, die Zukunft der SAS hänge davon ab, ob wir Boeing 737 statt DC-9 anschaffen oder unsere Computerausrüstung von IBM statt von Hewlett Pakkard kaufen. Doch in Wirklichkeit hängt die Zukunft der SAS von den Menschen ab. Unser weiterer Erfolg erfordert die volle Unterstützung unserer traditionell hohen Ansprüche durch alle unsere Mitarbeiter und ihre Bereitschaft, auf unsere Effizienzziele hinzuarbeiten. Wir investieren 10 Millionen Dollar, um sämtliche SAS-Mitarbeiter durch Vortragsreihen, Arbeitskreise und Diskussionsgruppen auf dem laufenden zu halten und fortzubilden.

Viele Leute meinten sofort, der freie Wettbewerb werde in der europäischen Luftfahrtbranche nie Einzug halten. »Sie schlagen blind Alarm«, beschuldigten sie mich, »und das heißt soviel, wie seine Mitarbeiter manipulieren.«

Diesen Leuten sage ich: »Bleibt die Konkurrenz auf etwa dem gleichen Niveau wie heute, dann werden wir damit fertig, ohne etwas Besonderes unternehmen zu müssen. Doch wenn wir unsere Effizienz verbessern, dann sind wir in Zukunft noch stärker.«

Wird der Wettbewerb begrenzt freigegeben, ohne daß wir darauf gefaßt sind, könnten wir Schwierigkeiten bekommen. Gehen wir jetzt dagegen vor, dann müssen wir das riskante Spiel des Aufholens nicht mitmachen.

Wird der Wettbewerb völlig offen, bekommen wir mit Sicherheit Probleme, wenn wir nicht vorgesorgt haben. Wir werden Krisen, Panik, Kürzungen, Entlassungen und vielleicht Schlimmerem gegenüberstehen. Sind wir aber darauf gefaßt, dann haben wir gute Chancen, uns sehr gut aus der Affäre zu ziehen.

Wenn die SAS effizienter ist als irgendeine andere Fluggesellschaft es jemals sein könnte, dann werden die Regierungsbehörden gar keinen Grund haben, den Markt zu öffnen.

Wenn wir uns heute auf den starken Wettbewerb von morgen vorbereiten, können wir nur gewinnen. Wir brauchen uns nie ausschließlich auf unser Glück zu verlassen. Wie auch immer die Umstände sein mögen, wir haben unsere eigene Zukunft in der Hand.

Wenngleich manche unsere Leidenschaft für Zielfestsetzungen als fast ans Hysterische grenzend kritisieren, bin ich nicht dieser Meinung. Weit gesteckte Ziele helfen uns, über die Aufgaben des Alltags hinauszublicken. Die Menschen wollen Herausforderungen in ihrer Arbeit und in ihrem Leben. Indem wir auf diese Weise Ziele setzen, können wir etwas für das Wohlergehen unserer Mitarbeiter tun, und gemeinsam können wir uns um einen immer besseren Dienst an unseren Kunden bemühen.

Ich bilde mir nicht ein, einen neuen oder originellen Ansatz für die Betriebsführung gefunden zu haben. Es gibt sicher viele andere Unternehmen, deren Führungskräfte es auch für wichtig halten, das Geschäftsklima auszuloten und Ziele, Strategie und Organisationsstruktur des Unternehmens darauf auszurichten. Auch sie stecken ehrgeizige Ziele und sprechen von der Dezentralisierung als Mittel zu deren Erreichung.

Viele glauben sogar, daß sie ihre Unternehmen bereits dezentralisiert haben und sagen ihren Mitarbeitern: »Jetzt können Sie eigenständig Entscheidungen treffen.« Ob solche Unternehmensleiter wirklich Verantwortung und Autorität an ihre Mitarbeiter weitergeben? Bis sie es nicht tun, und bis sie nicht ein Ziel wählen und vermitteln, hinter das sich jeder einzelne Mitarbeiter stellen kann, entledigt sich die Führungskraft nie wirklich der obersten Kontrolle und brauchen die Angestellten bei allen noch so banalen Angelegenheiten immer den Zugriff des Chefs. Sie können nicht sicher sein, was richtig ist und was falsch, weil sie über keine Informationen bezüglich des Zieles oder der Strategien zu dessen Erreichung verfügen. Delegieren ohne die Voraussetzungen für selbständige Entscheidungsfindung zu schaffen, bringt überhaupt nichts.

Mitarbeitern echte Verantwortung und Autorität zu verleihen, erfordert eine radikal verschiedene Organisationsstruktur: ein horizontales Modell, in dem die Arbeitsrollen neu definiert sind.

Die erste Ebene ist dafür zuständig, das Unternehmen in die Zukunft zu weisen, Bedrohungen der gegenwärtigen Betriebsführung wahrzunehmen und nach neuen Möglichkeiten Ausschau zu halten. Mitarbeiter auf dieser Ebene stellen Ziele auf und entwickeln Strategien, um diese Ziele zu erreichen. Natürlich bedeutet das auch, Entscheidungen zu treffen, jedoch nicht in bezug auf konkrete Schritte, die zu unternehmen sind.

Die nächste Ebene ist dafür zuständig, die verfügbaren Ressourcen zu planen und einzuteilen, entweder durch Einsatz von Geldmitteln oder durch Rekrutierung von Arbeitskräften. Sie tut alles Nötige, um den Menschen auf der ausführenden Ebene die Durchführung der Strategien zu ermöglichen, welche die Geschäftsleitung erarbeitet hat. Auch hier handelt es sich nicht um Entscheidungen über spezielle Schritte, sondern um die Schaffung von Voraussetzungen, damit andere diese Entscheidungen treffen können.

Die dritte Ebene ist das, was ich als die »Kundenfront« bezeichne, d.h. der normale Betriebsablauf. Dort sollen alle spezifischen Entscheidungen getroffen werden – alle Entscheidungen, die nötig sind, um das Unternehmen in Übereinstimmung mit den Zielen und Strategien der obersten Geschäftsleitung zu führen.

Warum ist es so einfach, über die Dezentralisierung zu sprechen? Weil es sich um eine ganz einfache Argumentationslinie handelt. Nur der Kunde, und der Kunde allein, wird unsere Kosten bezahlen und unsere Gewinne sicherstellen. So müssen wir unsere ganze Unternehmensplanung von der Perspektive des Kunden aus führen. Wer weiß am besten, was der Kunde will? Natürlich diejenigen, die an der Kundenfront tätig sind und somit dem Markt am nächsten stehen. Infolgedessen sollten diese Leute den größten Einfluß auf die Gestaltung unserer Produkte haben, ebenso wie die größte Verantwortung und Autorität.

Viele sind sich darüber einig, daß diese Philosophie ein ungeheures Potential in sich birgt; warum versuchen also so wenige, sie wirklich in die Tat umzusetzen? Sie stellt tatsächlich einen ambitionierten und bisweilen schwer greifbaren Ansatz dar, der mit den überlieferten Auffassungen von Arbeitsrollen im Widerspruch steht. Es erfordert außerordentliche Geduld, Ausdauer und Mut, das ganze zu einem guten Abschluß zu bringen. Zum Glück bieten die Kunden und der Markt selbst zuverlässige Richtlinien dafür, um auf der richtigen Spur zu bleiben.

Bei der SAS arbeiten wir stetig daran, unsere Pyramiden abzuflachen und unseren Zielen treu zu bleiben. Die Ergebnisse – und bei weitem nicht nur die finanziellen – waren bisher außerordentlich positiv, und wir bereiten uns weiterhin auf eine noch bessere Zukunft vor.

* * *

Der Unternehmensleiter, der meine Ansichten über menschliche Ressourcen teilt, wird erkennen, daß er allen seinen Mitarbeitern eine Gelegenheit geben muß, die Leitvision des Unternehmens zu begreifen. Erst dann können sie wirklich die Ärmel hochkrempeln und ihren vollen Einsatz bringen. Erst dann kann jeder einzelne die volle Verantwortung für seinen Anteil am Gesamtziel übernehmen. Erst dann kann die großartige Energie entfacht werden, die von einer Gruppe begeisterter Menschen ausgeht.

Es gibt keine bessere Zusammenfassung meiner Erfahrung als die Geschichte der zwei Steinmetze, die damit beschäftigt waren, quadratische Blöcke aus Granit zu meißeln. Ein Besucher im Steinbruch fragte, was die beiden denn täten.

Der erste Steinmetz brummte mit saurer Miene: »Ich haue einen Block aus diesem verdammten Stein.«

Der zweite, der in seiner Arbeit zufrieden aussah, antwortete stolz: »Ich bin Teil eines Teams, das eine Kathedrale baut.«

Ein Arbeiter, der die ganze Kathedrale vor Augen sehen kann und der damit beauftragt ist, seinen eigenen Anteil daran herzustellen, ist weitaus zufriedener und produktiver als ein Arbeiter, der nur den Granit vor sich sieht. Eine wahre Führungspersönlichkeit entwirft die Kathedrale und vermittelt ihre Vision, durch die andere inspiriert werden, sie zu bauen.